Durée Nom du circuit . . . . .page   N°

2h40 Le tour du lac de l'Uby 22

3h Sur les traces des Romains 24

3h30 Vers le château des Évêques 26

2h40 Circuit des crêtes 28

2h40 Eauze, au pays de l'Armagnac 30

3h Les haies paysagères de Miradoux 34

5h La boucle de l'Auroue 36

5h Lomagne médiévale 38

3h45 Les châteaux gascons 40

1h40 Le bois d'Aignan 42

1h40 Le long de l'Adour 46

3h Le circuit du château de Lavardens 48

3h Le sentier des Étoiles 50

6h Les quatres Clochers 52

3h Le circuit du Cachou 56

16 1h Promenade Claude-Desbons 58

17 2h30 Le chemin de Robert 60

18 2h40 Le Grand Gambadour 62

19 3h45 Les coteaux de Marciac 64

20 3h45 Sur le chemin de Saint-Jacques 66

21 1h30 Le centre historique d'Auch 68

22 3h Les coteaux d'Arcagnac 72

23 2h30 Le chemin du Pèlerin 74

24 1h40 Chemin de l'Isla de Baish 76

25 3h L'École buissonnière 78

26 3h En passant par Saint-Élix 80

27 2h50 Le sentier de Raphaël 84

28 2h10 Petit tour d'Haget 86

29 3h30 Le chemin des Orchidées 88

30 2h40 Le sentier du Mont Cassin 90

LAVARDENS / PHOTO G.P.

Les itinéraires de randonnée pédestre connus sous le nom de « GR », jalonnés de marques blanc-rouge, sont une création de la Fédération française de la randonnée pédestre. Ils sont protégés au titre du code de la propriété intellectuelle. Les marques utilisées sont déposées à l'INPI. Nul ne peut en disposer sans autorisation expresse. Sentier de Grande Randonnée, Grande Randonnée de pays, Promenade & Randonnée, Randocitadines, « À pied en famille », « Les environs de... à pied », sont des marques déposées, ainsi que les marques de couleur blanc-rouge et jaune-rouge. Les extraits de cartes figurant dans cet ouvrage sont la propriété de l'Institut géographique national. Toute reproduction est soumise à l'autorisation de ce dernier.

4e édition : août 2016 - ISBN 978-2-7514-0730-7 © IGN 2016 (fonds de cartes) - Dépôt légal : août 2016

TopoGuides®

Le Gers... à pied®

30 PROMENADES & RANDONNÉES

AVEC L'APPUI TECHNIQUE DU COMITÉ
DÉPARTEMENTAL DE LA RANDONNÉE PÉDESTRE
DU GERS ET DE SES BÉNÉVOLES

AUCH
La Gascogne au cœur

FFRandonnée
Comité départemental
Gers

FFRandonnée
www.ffrandonnee.fr

Bien préparer sa randonnée

Les itinéraires de Promenades et Randonnées (PR) sont en général des boucles : on part et on arrive au même endroit.

QUATRE NIVEAUX DE DIFFICULTÉS À CONNAÎTRE

Les randonnées sont classées par niveaux de difficulté. Elles sont différenciées par des couleurs dans la fiche de chaque circuit.

TRÈS FACILE **> Moins de 2 heures de marche**
Idéal à faire en famille. Sur des chemins bien tracés.

FACILE **> Moins de 3 heures de marche**
Peut être faite en famille. Sur des chemins avec quelques passages moins faciles.

MOYEN **> Moins de 4 heures de marche**
Pour les randonneurs habitués à la marche. Avec quelquefois des endroits assez sportifs et/ou des dénivelées.

DIFFICILE **> Plus de 4 heures de marche**
Pour des randonneurs expérimentés et sportifs. L'itinéraire est long et/ou difficile (dénivelées, passages délicats).

Durée de la randonnée
La durée est calculée sur la base de 3 km/h pour les balades vertes et bleues, et de 4 km/h pour les randonnées rouges et noires. La durée indiquée tient compte de la longueur et des dénivelées. Si vous randonnez avec des enfants, reportez-vous page 8.

355 m
78 m

Les dénivelées signalées dans ce guide sont approximatives et peuvent légérement varier selon l'outil de mesure utilisé.

COMMENT SE RENDRE SUR PLACE ?
En voiture
Tous les points de départ sont en général accessibles par la route. Un parking est situé à proximité du départ de chaque randonnée. Ne laissez pas d'objet apparent dans votre véhicule.

Veillez à ce que votre véhicule ne gêne pas le passage des engins forestiers ou agricoles, même le dimanche. Il est interdit de stationner derrière les barrières de routes forestières.

Par les transports en commun
Réseau de bus : se renseigner auprès des offices de tourisme et syndicats d'initiative (voir page 7).
SNCF > tél. 36 35 (0,34 euro/minute) ou www.voyages-sncf.com

L'ÉQUIPEMENT D'UNE BONNE RANDONNÉE
Les chaussures
Les chaussures de randonnée doivent être confortables et garantir un bon maintien du pied et de la cheville. Si elles sont neuves, prenez le temps de les faire à votre pied avant. Les tennis seront limitées à une courte marche d'une ou deux heures.

Le sac à dos
Un sac de 20 à 40 L conviendra largement pour les sorties à la journée.

Les vêtements
Le système des « 3 couches » est fondamental : sous-vêtement en fibres synthétiques, pull ou sweat en fibre polaire, coupe-vent, de préférence respirant.

Équipement complémentaire
Une paire de lacets, de la crème solaire, une casquette, des lunettes, une trousse de secours, une boussole, un appareil photo.

4 indispensables à ne pas oublier !

1 > Bien s'hydrater
La gourde est l'accessoire indispensable, été comme hiver.

3 > Mieux observer
En montagne ou dans un parc, **une paire de jumelles**.

2 > Toujours dans la poche !
Un couteau multifonctions.

4 > Mieux se repérer
Une lampe torche en cas de tunnel, grotte.

Autres > Un pique-nique ou, pour les courtes marches, quelques provisions qui aideront à terminer un itinéraire, surtout avec des enfants.

QUAND RANDONNER ?

Avant de partir, toujours s'informer sur le temps prévu :
Météo France : tél. **32 50** ou www. meteo.fr

En période estivale

Les journées longues permettent les grandes randonnées, mais attention au coup de chaleur. Il faut s'astreindre à boire beaucoup : environ cinq à six gorgées toutes les 20 minutes, soit au minimum 1,5 L d'eau par personne pour une demi-journée de marche.

En automne-hiver

Pendant la saison de la chasse, de fin septembre à fin février, ne vous écartez pas des chemins balisés, qui sont tous des chemins ouverts au public (de chaque côté du chemin, le terrain est propriété privée). En hiver, veillez à ne pas déranger la faune sauvage, observez les traces sans vouloir les suivre.

DÉSAGRÉMENTS ET DANGERS

L'orage

Ne pas rester debout sous un arbre ou un rocher, ou près d'une cabane ; s'éloigner des cours d'eau et des pylônes. S'accroupir sur ce qui peut être isolant (sac, corde), tenir les deux pieds bien serrés.

La chaleur excessive

Protégez-vous la tête et le corps, buvez souvent. Dès les premiers signes (maux de tête, nausées), il est indispensable de s'arrêter, de se mettre à l'ombre et de boire frais à petites gorgées.

La baignade

Le danger principal est le choc thermique. Il faut entrer progressivement dans l'eau, et renoncer en cas de sensation anormale (grande fatigue, vertige, bourdonnements d'oreille...).

n° d'urgence
Secours 112
Pompiers 18
Samu 15
Gendarmerie 17

Marcher le long d'une route

Mieux vaut marcher en colonne le long d'une route. La nuit, chaque colonne empruntant la chaussée doit être signalée à l'avant (feu blanc ou jaune) et à l'arrière (feu rouge).

Quelques adresses pour vous aider

COMITÉ DÉPARTEMENTAL DU TOURISME ET DES LOISIRS DU GERS
• 3, boulevard Roquelaure, BP 50106, 32003 Auch cedex, tél. 05 62 05 95 95, fax : 05 62 05 02 16, info@tourisme-gers.com ; www.tourisme-gers.com

UNION DÉPARTEMENTALE DES OFFICES DU TOURISME ET SYNDICATS D'INITIATIVE
• 3, boulevard Roquelaure, BP 50106, 32003 Auch cedex, tél. 05 62 05 87 39, fax : 05 62 05 02 16, reseau-otsi@tourisme-gers.com ; www.udotsi-gers.com

LA FÉDÉRATION FRANÇAISE DE LA RANDONNÉE PÉDESTRE
• Le Centre d'information
Pour tous renseignements sur la randonnée en France et sur les activités de la Fédération française de la randonnée pédestre : 64, rue du Dessous-des-Berges, 75013 Paris / M° Bibliothèque François-Mitterrand, tél. 01 44 89 93 93, fax 01 40 35 85 67, info@ffrandonnee.fr ; www.ffrandonnee.fr

COMITÉ DÉPARTEMENTAL DE LA RANDONNÉE PÉDESTRE DU GERS
• 3, boulevard Roquelaure, BP 50106, 32002 Auch Cédex, cdrp32@sfr.fr , www.randonnee-gers.com

COMITÉ RÉGIONAL DE LA RANDONNÉE MIDI-PYRÉNÉES (CORAMIP)
• Maison des sports, rue Buissonnière, BP 81 908, 31319 Labège Cedex, tél. 05 62 24 18 77

DIVERS
• Clévacances Gers Maison du tourisme, BP 50106, 3, boulevard Roquelaure, 32003 Auch cedex, tél. 05 62 05 87 40, 32@clevacances.com ; www.clevacances-gers.com
• Association départementale des Gîtes de France, Chambre d'Agriculture, BP 70161, route de Tarbes, 32003 Auch cedex, tél. 05 62 61 77 67, contact@gers-tourisme.com ; www.gers-gites-france.com
• Loisir Accueil Gers, BP 161, 32002 Auch, tél. 05 62 61 79 00, fax. 05 62 61 79 09

BIEN PRÉPARER SA RANDONNÉE

À CHACUN SON RYTHME...

Les enfants jusqu'à environ 7 ans

Sur le dos de ses parents jusqu'à 3 ans, l'enfant peut ensuite marcher, dit-on, un kilomètre par année d'âge. Question rythme, on suppose une progression horaire de 1 à 2 km en moyenne.

De 8 à 12 ans

On peut envisager des sorties de 10 à 15 km. Les enfants marchant bien mieux en groupe, la présence de copains favorisera leur énergie. Si le terrain ne présente pas de danger, ils apprécieront une certaine liberté, en fixant des points de rendez-vous fréquents.
Les adolescents qui sont en pleine croissance ont des besoins alimentaires plus importants que les adultes.

Les seniors

La marche a pour effet la préservation du capital osseux, et fait travailler en douceur l'appareil cardio-vasculaire. Un entretien physique régulier de 30 minutes à 1 heure de marche quotidienne est requis pour envisager de plus longues sorties. Un bilan médical est recommandé.

Où se restaurer et dormir dans la région ?

TROIS TYPES D'APPELLATION

Alimentation > Pour un pique-nique : épicerie, boucherie ou traiteur, à la découverte des produits locaux

Restauration > Un café ou un restaurant, pour reprendre son souffle et savourer les spécialités du terroir

Hébergement > De nombreuses possibilités d'hébergement existent : pour plus d'informations, **consulter le Comité départemental du tourisme ou les offices de tourisme locaux.**

Les établissements Rando Accueil (gîtes, hôtels, campings) sont sélectionnés pour leur convivialité et leur environnement de qualité ; en outre, ils proposent des conseils personnalisés pour découvrir les itinéraires de randonnée alentour. www.rando-accueil.com

• • • Tableau des ressources

⊘	🛒	🍴	🏠	⊘	🛒	🍴	🏠
Aignan	•	•	•	Miélan	•	•	•
Auch	•	•	•	Miradoux	•		•
Barbotan-les-Thermes	•	•	•	Mirande	•	•	•
Boulaur			•	Monfort	•	•	•
Cologne	•	•	•	Montestruc	•	•	•
Condom	•	•	•	Montréal	•	•	•
Eauze	•	•	•	Polastron			•
Haulies			•	Pouylebon			•
Larressingle		•	•	Riguepeu		•	•
Lavardens	•	•	•	Riscle	•	•	•
Lectoure	•	•	•	Saint-Clar	•	•	•
L'Isle-Jourdain	•	•	•	Saramon	•	•	•
Manciet	•	•	•	Simorre	•	•	•
Marciac	•	•	•	Valence / Baïse	•	•	•
Masseube	•	•	•				

Des topo-guides® écologiques

L'orchidée qui fleurit sur nos chemins est fragile, puisqu'une espèce sur six est menacée de disparition. Soucieuse de cette nature à préserver, quoi de plus naturel pour la **FFRandonnée** que de s'inscrire dans une démarche de **développement durable** ? Ainsi, tous nos imprimeurs partenaires bénéficient des certifications Imprim'vert et PEFC®, garantie d'une production écologiquement contrôlée des topo-guides® (gestion des déchets par récupérateurs agréés, recyclage, utilisation d'encres à pigments non toxiques, aucun rejet en réseaux d'évacuation publics…).

Le papier utilisé est par ailleurs lui-même certifié, attestant qu'il provient systématiquement de bois issu de forêts gérées durablement.

Photo © N. Vincent.

Pour mieux connaître la région

BIBLIOGRAPHIE

OUVRAGES GÉOGRAPHIQUES ET HISTORIQUES DE LA RÉGION ET GUIDES TOURISTIQUES

- CAUE et Arbre et Paysage 32, *Inventaire des paysages du Gers*, (s'adresser à Arbre et Paysage)
- Courtes G., *Visiter Lectoure*, Édition Sud-Ouest
- Courtes G., *Les plus beaux villages de Gascogne*, Édition Sud-Ouest
- Courtes G., *Connaître le Gers*, Édition Sud-Ouest
- Courtes G., *Les chemins de Saint-Jacques-de-Compostelle*, Édition Sud-Ouest
- Courtes G., *Visiter Auch*, Édition Sud-Ouest

TOPO-GUIDES DE RANDONNÉE

- *GR® 65/652 Sentiers vers Saint-Jacques, Figeac-Moissac et Rocamadour-La Romieu*, Édition FFRandonnée, réf. 652
- *GR® 65 Sentiers vers Saint-Jacques, Moissac-Roncevaux*, Édition FFRandonnée, réf. 653
- *GR® 654 Sentiers vers Saint-Jacques, Vézelay-Montréal-du-Gers*, Édition FFRandonnée, réf. 6542
- *GR® 654 Sentiers vers Saint-Jacques, Bergerac-Montréal du Gers*, Édition FFRandonnée, réf. 6543
- *Le Pays d'Armagnac à pied® (40 boucles sur le département)*, Édition FFRandonnée, réf. P322
- *Midi-Pyrénées à pied® (80 boucles, 10 dans le département du Gers)*, Édition FFRandonnée, réf. RE02
- *GR® 653 Sentiers vers Saint-Jacques, Toulouse-Lourdes-Jaca*, Édition FFRandonnée, réf. 6534

Pour connaître la liste des autres topo-guides de la Fédération française de la randonnée pédestre, consulter le catalogue sur le site de la Fédération : www.ffrandonnee.fr

CARTES DE LA RÉGION

- **CARTES IGN AU 1 : 25 000 :** N° 1641 E, 1643 E, 1741 E, 1741 O, 1742 O, 1743 E, 1743 O, 1744 O, 1744 E, 1841 E, 1841 O, 1842 E, 1842 O, 1843 E, 1843 O, 1844 O, 1941 O, 1942 O, 1942 E, 1943 E, 1944 O, 1944 E, 2043 O
- **CARTES IGN AU 1 : 100 000 N°** 159 et 168
- **CARTES MICHELIN AU 1 : 200 000** N° 234 et 235

Rejoignez-nous et randonnez l'esprit libre

Pour mieux connaître la fédération, les adresses des associations de votre département, pour tout savoir sur l'actualité de la randonnée, pour adhérer ou découvrir la collection des topo-guides.

Tout sur
www.ffrandonnee.fr

FFRandonnée

Les TopoGuides®
vos partenaires rando
240 GUIDES POUR PARCOURIR LA FRANCE À PIED

POUR PRÉPARER ET RÉUSSIR VOS RANDOS

Tracé de l'itinéraire balisé sur fond de carte IGN

Descriptif de la randonnée

Infos pratiques

Éclairage touristique

À decouvrir dans la région

Retrouvez le catalogue complet sur
www.ffrandonnee.fr
1er éditeur de guides de randonnée en France

Suivez les balisages de la **FFRandonnée**

LES TYPES DE BALISAGE

	1	2	3
Type d'itinéraires	GR®	GR® PAYS	PR®
Bonne direction			
Tourner à gauche			
Tourner à droite			
Mauvaise direction			

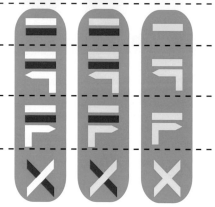

1 Grande Randonnée / **2** Grande Randonnée de Pays / **3** Promenade & Randonnée

MARQUAGES DES BALISAGES

Le jalonnement des sentiers consiste en marques de peinture sur les arbres, les rochers, les murs, les poteaux. Leur fréquence est fonction du terrain.

Les baliseurs : savoir-faire et disponibilité

Pour cheminer sereinement, 6 000 bénévoles passionnés s'activent toute l'année, garants d'un réseau de 180 000 kilomètres de sentiers, sélectionnés et aménagés selon des critères de qualité.

LA **FFRandonnée** AUJOURD'HUI

La Fédération française de la randonnée pédestre, c'est plus de 205 000 adhérents, 3 350 associations affiliées, 180 000 km de sentiers balisés GR® et PR, 120 comités régionaux et départementaux, 20 000 bénévoles animateurs et baliseurs, 270 topo-guides, un magazine de randonnée *Passion Rando Magazine* et un site Internet : www.ffrandonnee.fr.

Passion Rando, le magazine des randonneurs

Passion Rando Magazine apporte aux amoureux de la randonnée et d'authenticité toutes les pistes de découverte des régions de France et à l'étranger, les propositions d'itinéraires, d'hébergements et des bonnes adresses.

En valorisant les actions locales d'engagement pour la défense de l'environnement et d'entretien des sentiers, *Passion Rando Magazine* porte un message sur le développement durable, la préservation de la nature et du réseau d'itinéraires de randonnée pédestre.

Abonnez-vous sur www.ffrandonnee.fr

Des sentiers balisés à travers toute la France

PassionRando
LE MAGAZINE DES PASSIONNÉS DE LA RANDO

PARTEZ TRANQUILLE AVEC LA RandoCarte®
4 atouts au service des randonneurs

• Une assurance spéciale « randonnée »
• Une assistance 24/24 h et 7/7 jours en France comme à l'étranger
• Des avantages quotidiens pour vous et vos proches
• Un soutien à l'action de la Fédération française de la randonnée pédestre et aux bénévoles qui entretiennent vos sentiers de Grande Randonnée et de Promenade et Randonnée

Vous aimez la randonnée

Depuis plus d'un demi-siècle, la Fédération vous propose une assurance, adaptée et performante dont profitent déjà plus de 205 000 passionnés. Faites confiance à la RandoCarte® : elle vous est conseillée par des spécialistes du terrain, passionnés de randonnée…
Une fois encore, ils vous montrent le chemin !

PAYSAGE GERSOIS / PHOTO A.C.

Sur les traces de d'Artagnan

Le Gers, c'est le berceau de la Gascogne, un pays marqué par l'histoire et qui en porte encore les traces. Domaine des mousquetaires, que d'Artagnan a fait entrer dans la légende, c'est aussi une terre chargée d'émotion mystique, celle du pèlerinage de Saint-Jacques de Compostelle : à pied, à cheval, à vélo.

Gers, pays de lumière et de « bien vivre »

D'où vient le bien-être que l'on ressent en parcourant le Gers ? De ses paysages vallonnés, de la douceur des lumières, de la joie de vivre qui émane de ses traditions ? des délices de sa cuisine ? Peut-être vient-il des plaisirs uniques de la cuisine gersoise : foie gras, confit de canard, armagnac, vins d'appellation ?
C'est sans doute tout cela qui fait le bonheur dans le Gers, une autre façon de vivre le temps, une autre philosophie de la vie.

Plaisir de la découverte

Véritable tableau de maître, les paysages du Gers sont une œuvre de la nature que les hommes ont ornée de nombreux trésors. Au détour des routes, des chemins, le Gers vous dévoile ses richesses : bastides, villages de caractère, vestiges gallo-romains… Et pour vous émerveiller et rêver, de nombreux châteaux vous feront revivre l'histoire romanesque des mousquetaires.

Le Comité départemental de la randonnée pédestre

Le comité du Gers balise et surveille plus de 300 circuits en boucle avec ses 25 baliseurs, tous bénévoles. Tout le stade des sentiers est décrit dans la collection des topo-guides de la Fédération française de la randonnée pédestre : GR®65, GR®652, GR®653, GR®654 *Sentiers vers Saint-Jacques-de-Compostelle ; Le Gers... à pied®* ; *Le Pays d'Armagnac... à pied®.* Ces topo-guides sont en vente en librairie, dans les offices de tourisme et syndicats d'initiative du Gers.
Partir sur les traces des pèlerins, de vallons en coteaux, de plaines en sentiers, c'est découvrir au rythme de la nature, au détour d'un chemin, tout l'intérêt historique de la Gascogne.

FFRandonnée

Comité départemental
Gers

COMITÉ DÉPARTEMENTAL DE LA RANDONNÉE PÉDESTRE DU GERS
3 boulevard Roquelaure, BP 50106 - 32002 AUCH CÉDEX
E-mail : cdrp32@sfr.fr - Site Internet : www.randonnee-gers.com

Découvrir
Le Gers

PHOTOS DE GAUCHE À DROITE : PHOTO J.T. ; PHOTO J.T. ; PHOTO J.T. ; PHOTO CAUE.

Entre Pyrénées et Garonne s'est épanoui un peuple de paysans qui très vite a dépassé le cadre de son village, de sa ferme, de son voisinage. Zone de contact, la Gascogne a été très tôt en relation avec l'Espagne toute proche (à l'occasion de la Reconquista), avec l'Aquitaine anglaise, avec le Toulousain dépendant de la couronne de France.

Le Gers, « Cœur de la Gascogne »

La plupart des seigneurs gascons ont pris la défense de Jeanne la Pucelle, à telle enseigne que pour la dénigrer on la surnommait « l'Armagnacaise ». Au XVIᵉ siècle, de nombreux cadets de Gascogne ont pris l'habitude avec Henri de Navarre, devenu Henri IV, de « monter » à Paris, et de se rendre utiles à tous les régimes ; le plus célèbre de ces « cadets » est Charles de Batz de Castelmore, dit d'Artagnan, immortalisé par les romans d'Alexandre Dumas. De jeunes aventuriers ont répondu à l'appel de la République et se sont engagés en 1792 poursuivant de brillantes carrières sous l'Empire : Jean Lannes, Maréchal d'Empire est le plus célèbre.

Aujourd'hui, la proximité de villes dynamiques, comme Toulouse, le désenclavement routier, l'installation d'entreprises aéronautiques avec le passage dans notre région de l'itinéraire à grand gabarit (transport des éléments du futur A 380) font espérer un nouveau dynamisme au département du Gers.

STATUE DE D'ARTAGNAN /
PHOTO CRT

Des paysages sans cesse renouvelés

L'aspect général se présente comme un plateau surbaissé, s'inclinant vers le nord, le nord-est, le nord-ouest : il a été coupé, entaillé par un large éventail de collines qui séparent de longues vallées, très proches les unes des autres. Les altitudes dépassent 250 m au sud (jusqu'à 390 et 400 m au Puntous et aux confins du Magnoac) et à peine 70 m aux limites nord dans la vallée du Gers, 79 m dans la vallée de l'Adour près des Landes. Le fort contraste entre l'altitude des plateaux, des collines et le creux des vallées sera l'une des caractéristiques de ce paysage sans cesse renouvelé.

Aux premiers temps de l'occupation humaine, la pénétration s'est d'abord opérée le long des crêtes sans descendre dans les vallées inhospitalières : il en est ainsi pour le chemin le plus ancien, la Ténarèze qui traverse la région, des Pyrénées à la Garonne, « sans passer pont ni prendre bateau » suivant la ligne de partage des eaux entre le bassin hydrographique de la Garonne et celui de l'Adour. Les voies romaines, (chemins de César ou Peyrines), de même que plus tard les chemins de Saint-Jacques empruntés tout le Moyen Âge, auront soin autant que faire se peut d'éviter les bas-fonds. Il faut attendre le XVIIIe siècle, avec les nouvelles techniques de construction des routes, pour oser aménager des itinéraires droits, bordés d'arbres, dans le fond des vallées.

CHAMP DE TOURNESOLS VERS LOMBEZ / PHOTO J.T.

Un riche **terroir**

De l'action conjuguée de l'Océan et des Pyrénées, provient l'originalité de nos sols. Ils portent l'appellation générique de molasses (ensemble d'origine lacustre composé de sables, marnes, argiles) laissant apparaître parfois des calcaires reconnaissables dans le Lectourois, le Condomois, le pays d'Auch, aux corniches blanchâtres… Sur ces éléments de base sont venus se superposer des débris des Pyrénées, accumulés à leur pied par les puissantes érosions du tertiaire ; cailloutis et argiles tendres, peu perméables, qui ont pu être incisés par un réseau hydrographique très dense.

PAYSAGE / PHOTO TALIVEZ

Peu de forêts mais encore des haies

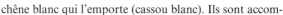

La végétation, notamment la végétation forestière, réagit fidèlement aux différenciations des roches et des sols. Au temps des aïeux, les chênaies gasconnes recouvraient la majorité des surfaces.

Sur les terrains calcaires, c'est la forêt de chênes noirs ou pubescents (garricou cassou néré) ; sur les boulbènes, c'est le chêne sessile ou chêne blanc qui l'emporte (cassou blanc). Ils sont accompagnés d'ormes (ou aloum oumo), de frênes résous (frêne à feuilles aiguës ou oxyophile) sur les terreforts, ou de quelques essences méditerranéennes. Les rosacées sauvages à petits fruits abondent : aubépines (ou espin blanc broc blanc), prunelliers (bloc néré), églantiers (gardoquie), ronces (arroche), pommiers sauvages (aourachère), poiriers sauvages (pérè), néfliers (mesplé).

FLEUR DE POMMIER / DESSIN N.L.

FRUITS ET FEUILLES DE CHÊNE / DESSIN N.L.

À chaque période, **son patrimoine**

L es monuments, riches et variés, reflètent le dynamisme et la créativité des Gascons de toujours.

Les peuplades gauloises, installées sur les oppida, ont su s'adapter à la colonisation romaine, profiter des siècles de paix pour construire des cités (Eauze : Eluza, Auscii-Auscorum : Auch, Lactora-Lectoure) et bâtir des centaines de villae. Les musées recèlent des trésors gallo-romains remarquables (tauroboles à Lectoure, trésor à Eauze) et plusieurs campagnes de fouilles archéologiques s'organisent tous les étés.

Avec le Moyen Âge chrétien commencent les reconstructions de nos cathédrales (Auch, Lectoure, Condom, Lombez), l'installation d'abbayes (Flaran, Planselve…),

ÉGLISE DE MASSEUBE / PHOTO J.T.

CROIX DE MALTE SUR LE CHEMIN DE SAINT-JACQUES / PHOTO J.T.

la formation des villages (castelnaux, bastides…), l'implantation de chapelles de style roman jusque dans les moindres hameaux. La nécessité de protection en périodes de guerres féodales, se manifeste par la construction de châteaux de « type gascon » (Sainte-Mère, Lagardère, Tauzia…), de citadelles (Larressingle…) qui bientôt deviendront des lieux de vie ou de plaisance. La construction de châteaux se poursuivra jusqu'à la fin du XIXe siècle : on en compterait un millier dans le Gers.

Le Gers profond, c'est aussi toutes ces marques de la vie rude, austère des paysans : les « bordes » anciennes, les fontaines, les puits, les lavoirs, les croix, les maisons de vigne… tout ce patrimoine simple et beau que l'on découvre au détour d'un chemin et qui peut un instant retrouver une utilité.

VILLA GALLO-ROMAINE DE SÉVIAC / PHOTO J.T.

Le Gersois aime la fête

Il aime se retrouver non plus comme autrefois, pour du travail saisonnier, mais pour le plaisir : joie de partager un repas traditionnel, qui le jour de la fête patronale se poursuivra en Armagnac, par la course landaise ; ce sport ancestral se pratique dans des arènes. Vic-Fezensac, Eauze, sont des « plaza de toros » réputées qui rassemblent à Pentecôte et en Juillet des milliers d'aficionados. La bourgade de Marciac attire durant la première quinzaine d'Août plusieurs centaines de milliers de visiteurs et d'amateurs de musique. « Jazz in Marciac » est considéré comme le plus grand rassemblement jazzique d'Europe. Tempo Latino à Vic-Fezensac, la Country Music à Mirande, le festival de Bandas à Condom, le festival du ciel et de l'espace à Fleurance, la photographie à Lectoure… émaillent un calendrier annuel bien fourni qu'il convient de compléter par les nombreuses fêtes de villages, les repas de rue, les concours sportifs (palet gascon, quilles, pétanque…).

JAZZ À MARCIAC / PHOTO J.T.

PAYSAGE DE VIGNES / PHOTO TALIVEZ

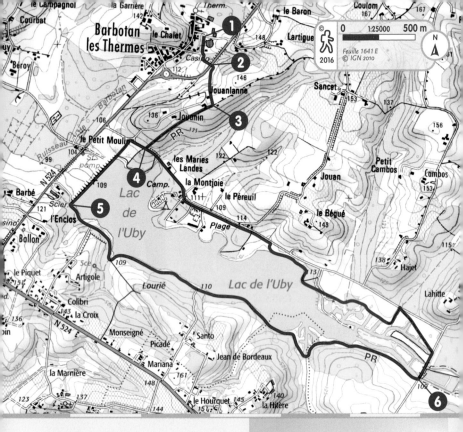

ENVIRONNEMENT

BARBOTAN-LES-THERMES

À l'orée de la forêt landaise et du Bas-Armagnac, Barbotan est une station thermale, renommée pour ses gisements de boue et ses eaux sulfatées. Nichée au creux d'un vallon boisé couvert d'une végétation exotique et luxuriante (palmiers, magnolias, bananiers, yuccas), elle jouit d'un climat exceptionnel. Dans le parc thermal, on peut admirer l'étang aux nénuphars et la rivière aux lotus. On raconte que c'est Madame Bogun, épouse d'un riche émir, qui, revenant des Indes a jeté des graines de lotus ici à Barbotan en 1884.

PORTE DE L'ÉGLISE / PHOTO J.T.

Le **tour** du **lac** de l'**Uby**

PR® **1**

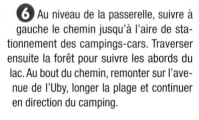

À Barbotan-les-Thermes, au sein d'un complexe ludique et sportif de quatre-vingts hectares, le lac d'Uby propose sur ses berges un parcours ombragé et accessible à tous.

1 De l'office de tourisme, longer le parking, passer devant l'aire de stationnement des campings-cars, puis tourner à gauche pour rejoindre le boulevard Paul-Daudé.

2 Traverser ce boulevard, atteindre en face un escalier. Suivre le chemin.

LOTUS DES INDES / DESSIN N.L.

3 Au croisement, se diriger à droite.

4 Au bout du chemin, traverser l'avenue de l'Uby et tourner à droite, puis à gauche. Passer sur la digue.

5 À l'extrémité de la digue, tourner à gauche en longeant toujours le lac.

6 Au niveau de la passerelle, suivre à gauche le chemin jusqu'à l'aire de stationnement des campings-cars. Traverser ensuite la forêt pour suivre les abords du lac. Au bout du chemin, remonter sur l'avenue de l'Uby, longer la plage et continuer en direction du camping.

4 À l'intersection, reprendre à droite le chemin de l'aller jusqu'à l'office de tourisme.

BUSE / DESSIN P.R.

FACILE

2H40 • 8KM

S **SITUATION**
Barbotan-les-Thermes, à 73 km au nord-ouest d'Auch par les N 124, D 626 et D 656

P **PARKING**
office municipal de tourisme

/ **DÉNIVELÉE**
altitude mini et maxi

114 m
106 m

B **BALISAGE**
jaune (PR 1)

V **CIRCUIT VTT**

À DÉCOUVRIR...

> **En chemin :**
• plan d'eau de 80 ha, base nautique et de loisirs

> **Dans la région :**
• Cazaubon : complexe thermal et casino
• Vieux Cazaubon : circuit touristique des vieilles églises
• Eauze : musée archéologique, cathédrale Saint-Luperc, arènes
• Nogaro : circuit automobile, arènes

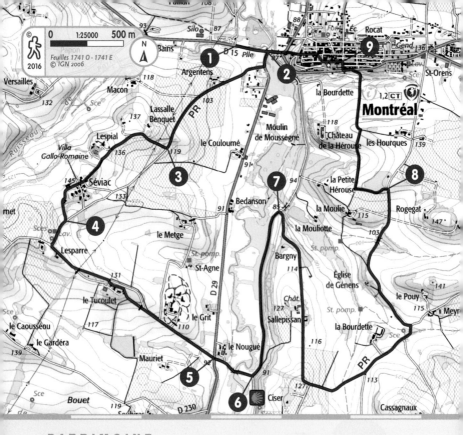

PATRIMOINE

MONTRÉAL-DU-GERS EN TÉNARÈZE

Fondée sur un oppidum par Alphonse de Poitiers, frère du roi Louis IX, Montréal fut la première bastide du Gers. Ses rues se coupent perpendiculairement avec, au centre, une place garnie de cornières, et, dans l'angle sud-est, l'église collégiale. À l'époque gallo-romaine, les terres de Montréal étaient très peuplées, comme en témoignent les vestiges de plusieurs villas ; celle de Séviac est très luxueuse et l'on peut admirer les superbes sols de mosaïques encore en place. Situé sur la *Via Podensis*, chemin du Puy à Saint-Jacques-de-Compostelle, et sur la Voie de Vézelay, Montréal-du-Gers accueille les pèlerins et randonneurs dans sa région « Armagnac » aux paysages de vignobles, de cultures céréalières et de massifs boisés.

BASTIDE DE MONTRÉAL / PHOTO J.T.

Sur les **traces** des **Romains**

FACILE

3H • 10KM

Au contact des Landes et du Gers, la région de Montréal cumule les avantages de l'un et de l'autre : bois ponctués de pins et de résineux, vignobles et vastes étendues paysagères. La villa gallo-romaine de Séviac renferme des mosaïques d'une grande valeur.

CÈPE /
DESSIN N.L.

S SITUATION
Montréal, à 15 km
à l'ouest de Condom
par la D 15

P PARKING
base de loisirs

/ DÉNIVELÉE
altitude mini et maxi

145 m

80 m

B BALISAGE
jaune

! DIFFICULTÉS !
parcours le long de la
D 15 (dangereuse) entre
1 et **2** puis avant **9**

V CIRCUIT VTT

1 Traverser vers l'Est l'aire de pique-nique de la zone de loisirs, franchir le fossé sur la passerelle métallique et aboutir à un carrefour routier.

2 Au croisement, suivre la D 29 à droite sur 50 m et prendre la petite route à droite sur 800 m.

3 Se diriger à droite vers la villa gallo-romaine de Séviac *(visites)*. Poursuivre tout droit sur le chemin blanc et virer à gauche sur le sentier herbeux. Traverser le hameau de Séviac.

4 Prendre la route à droite. Au carrefour, suivre la route à gauche *(vue sur Montréal)*. Elle descend vers la vallée de l'Auzoue *(moulin à vent, Tucoulet : ancien château)* et débouche sur la D 29.

5 La traverser et passer le pont sur l'Auzoue.

6 Emprunter à gauche le chemin de Saint-Jacques-de-Compostelle qui longe la vallée sur 800 m.

7 Monter à droite en angle aigu vers Sallepissan *(salle forte)* et poursuivre par le chemin blanc. Prendre la route à gauche, passer Bourdette *(ancienne salle forte)* et atteindre une intersection. Se diriger à gauche vers la chapelle romane de Genens *(bâtie sur une ancienne villa gallo-romaine)* et continuer par la route sur 300 m.

8 Emprunter à gauche le sentier entre vigne et bosquet. Après le vignoble, virer à droite et suivre le sentier qui conduit à Montréal. Traverser la D 15 et grimper le raidillon en face.

9 Rejoindre à gauche la place et l'église de Montréal. Descendre les escaliers et continuer par la D 15.

2 Au carrefour, poursuivre puis tourner à droite vers le lac.

À DÉCOUVRIR...

> **En chemin :**
• Séviac: villa gallo-romaine
• moulin à vent
• châteaux et maisons fortes
• chapelle romane
• vignoble de la Ténarèze
• Montréal : bastide, place à arcades, église XIIIe-XVIIe, fortifications, musée lapidaire (dépôt de fouilles de Séviac)

> **Dans la région :**
• Lagraulet-du-Gers : vestiges du château, tour carrée XIIIe, église
• Lamothe : tour de garde XIIIe, fief des Pardailhian-Lamothe-Gondrin, église (pieta XVIe en bois)

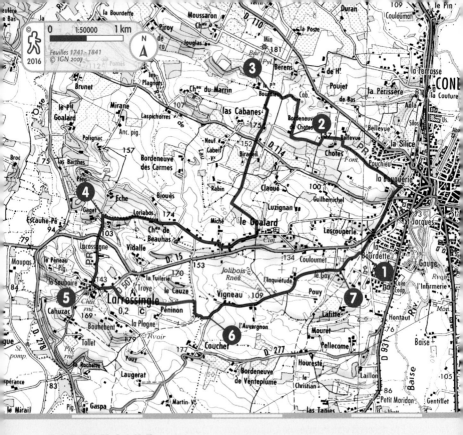

PATRIMOINE

LARRESSINGLE « LA CARCASSONNE DU GERS »

Les Gascons ont ainsi baptisé ce village-forteresse du XIIIe siècle ; il est entouré d'un rempart polygonal de 270 m de tour qui possède encore ses profonds fossés, ses hautes courtines et ses tours carrées. Ancienne résidence des évêques de Condom, le château du XVe et XVIe siècles et l'église Saint-Sigismond sont les bijoux de cet écrin entièrement restauré et habité. À proximité du village, sur le chemin jacquaire Voie du Puy ou GR® 65, le pont d'Artigues a été spécialement créé pour les pèlerins par l'ordre espagnol de Santiago (source Gilbert Loubès).

Magnifique pont roman, il est classé au patrimoine mondial de l'UNESCO. Toute proche est l'église romane de Vopillon et ses fresques du XIIe siècle.

LARRESSINGLE : PETITE CARCASSONNE DU GERS / PHOTO T.S.

Vers le **château** des **Évêques**

VIGNES / PHOTO N.L.

Un paysage de coteau où domine la vigne relie Larressingle, la médiévale, à Condom, ancien évêché, dont la cathédrale et le cloître témoignent encore de nos jours de l'importance et du prestige des évêques comme Jean Marre et Bossuet.

S SITUATION
Condom, à 45 km au nord-ouest d'Auch par les N 124 et D 930

P PARKING
aire de stationnement Lou Cassou (sud-ouest de Condom)

/ DÉNIVELÉE
altitude mini et maxi

174 m

69 m

B BALISAGE
jaune (PR 1)

V CIRCUIT VTT

1 Emprunter l'ancienne voie ferrée. Au bout de 300 m, traverser la D 15, continuer tout droit. 500 m plus loin, couper la D 114. 200 m après, tourner à gauche et monter sur 1 km en direction du domaine Chotes. Couper l'allée empierrée de la ferme, poursuivre sur 150 m, prendre à gauche le long d'une vigne et tourner à droite pour déboucher à Bordeneuve-de-Chotes.

2 Longer la bordure du champ, descendre à droite entre les cultures, puis monter à gauche et atteindre une intersection.

3 Tourner à gauche, couper la D 114 et prendre en face le chemin de Rabin. Laisser la ferme à droite et poursuivre tout droit par le sentier jusqu'au Goalard. Emprunter la petite route à droite, passer La Blanche et continuer tout droit jusqu'à un croisement de chemins.

4 Virer à gauche, traverser la D 15 et poursuivre en face par le chemin qui mène à Larressingle.

5 Dans le village, se diriger vers la cité des machines, continuer sur 200 m puis, au niveau de l'auberge, emprunter à droite le chemin agréable et ombragé sur 1 km. Passer un lac, puis longer le champ à droite pour atteindre la route. La prendre à droite sur 250 m. Laisser un chemin PR à droite.

6 Continuer à gauche par la route (GR® 65).

7 Au lieu-dit le Gay, dans le virage, prendre à gauche pour arriver au point de départ.

À DÉCOUVRIR...

> En chemin :
• Le Goalard : église
• Larressingle : village fortifié XIIIe ceint d'un rempart polygonal (surnommé « la Carcassonne du Gers »), cité des machines
• Condom : cathédrale, cloître ogival XVIe, église Saint-Jacques, musée de l'Armagnac, digue érigée en 1850

> Dans la région :
• Cassaigne: château
• Valence-sur-Baïse : bastide
• Flaran: abbaye

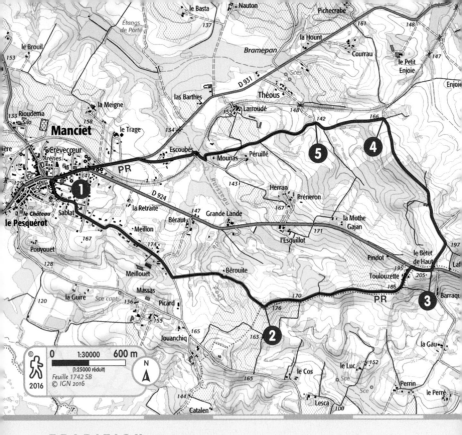

TRADITION

NOSTALGIE GASCONNE

Les écrivains et les conteurs de langue gasconne ont souvent célébré l'authenticité du terroir et la noblesse du paysan comme dans ce premier quatrain du sonnet de Laurent Salesses :

Lauraye d'autes cops
(Laboureur d'autrefois) :
Toustem à pas coumtats,
en daurèche la rego,
L'acayre sans arrès,
chirat per büus ardens,
Chascolo, biro, reduis en

MAISON À COLOMBAGES DE MANCIET / PHOTO J.T.

trounquilhous lusens,
La tèrro, que lou boè dab
place sabourejo.

D'une marche régulière, en ouvrant le sillon, La charrue sans arrêt tirée par des bœufs ardents, Brise, tourne, réduit en débris luisants, La terre que le laboureur hume avec plaisir.

Circuit des crêtes

FACILE

2H40 • 8KM

RENARD / DESSIN P.R.

S SITUATION
Manciet, à 55 km
au nord-ouest d'Auch par
la N 124

P PARKING
café « Chez Monique »

/ DÉNIVELÉE
altitude mini et maxi

205 m

134 m

B BALISAGE
jaune (PR 1)

! DIFFICULTÉS !
parcours le long
de la N 124 avant **3**
puis le long des D 931
et N 124 après **5**
(routes dangereuses)

V CIRCUIT VTT

Suivant la ligne de crête, ce circuit offre des points de vue sur la campagne, le château d'Espas et de nombreux moulins, avant d'emprunter le curieux passage des Renards.

1 Suivre la route en direction d'Espas sur 1 km, puis bifurquer à gauche dans l'allée de Bérouite et passer la ferme.

2 Avant une montée, obliquer à gauche sur le sentier qui conduit à une ferme. Passer derrière la maison et longer les vignes. Au bout, virer à gauche dans un bosquet et poursuivre tout droit par le chemin *(vues sur le château d'Espas et des moulins)*. À la sortie du bois, continuer dans les prés sur 600 m *(panorama)*, puis se diriger à gauche vers la ferme Toulouzette. Longer la N 124 à droite sur 150 m.

3 Emprunter à gauche l'allée empierrée du Bétet, puis continuer sur le chemin à gauche.

4 À l'intersection, tourner à gauche et continuer par le chemin caillouteux sur 500 m.

5 Virer à gauche vers un bosquet sur le chemin des Renards *(nombreux terriers)*, puis emprunter la petite route à droite. Elle passe sous le pont de l'ancienne voie ferrée *(ligne Eauze-Riscle)*. Longer la D 931 à gauche sur 750 m, puis la N 124 et rejoindre Manciet.

À DÉCOUVRIR...

> **En chemin :**
• Manciet : arènes,
maisons à colombages,
ancien lavoir
• points de vue sur les
moulins
• panorama sur la chaîne
des Pyrénées
• chemin des Renards
• ancienne voie ferrée

> **Dans la région :**
• Eauze : musée
archéologique, cathédrale
Saint-Luperc, arènes,
visites de chais, domaine
de Lagajan (musée privé)
• Gondrin : lavoir de
Lasdouts, chapelle de
Tonnetau
• Estang : arènes
classées
• Bretagne-d'Armagnac :
tour de Lamothe

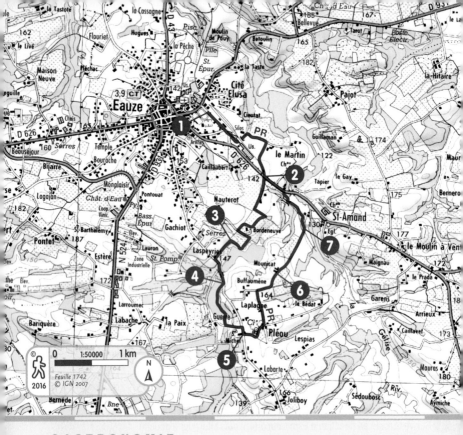

GASTRONOMIE

EAUZE, CAPITALE DE L'ARMAGNAC

Le vignoble de l'appellation d'origine « Armagnac », strictement délimité par la loi depuis 1909, s'étend essentiellement dans le Gers. Il est divisé en trois régions : le Haut-Armagnac, la Ténarèze et le Bas-Armagnac. Le terroir donne des eaux-de-vie remarquables autour de Cazaubon, Eauze, Nogaro, Aignan… L'armagnac est obtenu par distillation du vin blanc produit sur l'aire d'appel-lation. La visite d'un chai de vieillissement montre la technique ancestrale nécessaire à l'obtention d'un bon « armagnac ».

L'ARMAGNAC EST TOUT UN ART /
PHOTO TALIVEZ.

Eauze, au **pays** de l'**Armagnac**

PR® 5

FACILE

2H40 • 8KM

Profitant tout d'abord du tracé ombragé de l'ancienne voie ferrée d'Auch à Eauze, le circuit gagne ensuite les vignobles qui ont fait la renommée de la ville.

1 Se diriger vers le magasin *Elusa Vert*, s'engager dans la voie sans issue, passer sous le pont de chemin de fer et tourner à droite vers Le Martin. Avant la ferme, bifurquer à droite sur l'allée herbeuse et suivre le chemin qui longe la voie ferrée. Traverser la D 626.

GRAPPE DE RAISIN / DESSIN N.L.

2 Prendre l'allée de Las Bourdottes. Le chemin rejoint, le long de la voie ferrée, une vigne. Continuer par son allée, puis emprunter à gauche l'allée qui mène à un étang. Au dernier sillon de la vigne, virer à droite et suivre l'allée extérieure de la vigne.

3 Avant un poulailler et la maison de garde-barrière, tourner à gauche, puis emprunter la route à gauche vers Bascous.

4 Après le pont, bifurquer à droite pour longer la rive Est de l'étang de Guerre. À l'extrémité du plan d'eau, monter par l'allée à gauche, puis emprunter la route à droite sur 80 m.

5 Tourner à gauche au panneau « Au Bedat », laisser la chapelle et le cimetière de Pléou à gauche. Suivre une allée de chênes (plein Nord) qui mène à Mounicat.

6 Descendre par la prairie, puis longer les vignes pour aboutir à l'ancienne voie ferrée *(ligne Auch-Eauze)*, très ombragée.

7 Franchir le ruisseau sur un pont, tourner à gauche, descendre le talus, passer sous le pont et rejoindre le chemin de servitude. Le suivre jusqu'à un boqueteau, puis traverser le ruisselet sur une petite passerelle *(bambous)* et arriver à la D 626.

2 Par l'itinéraire utilisé à l'aller, rejoindre le point de départ.

 SITUATION
Eauze, à 29 km au sud-ouest de Condom par la D 931

 PARKING
ancienne gare

/ DÉNIVELÉE
altitude mini et maxi

171 m
125 m

B BALISAGE
jaune (PR 4)

V CIRCUIT VTT

À DÉCOUVRIR...

> **En chemin :**
• ancienne voie ferrée
• ancien lavoir
• vignoble
• étangs
• hameau du Pléou
• vue panoramique sur Eauze

> **Dans la région :**
• Eauze : musée archéologique, cathédrale Saint-Luperc, arènes, visites de chais, domaine de Lagajan (musée privé)
• Gondrin : lavoir de Lasdouts, chapelle de Tonnetau
• Bretagne-d'Armagnac : tour de Lamothe
• Manciet : arènes

LES PIGEONNIERS

PIGEONNIER /
PHOTO M.C.

Le pigeonnier est un patrimoine identitaire du Midi, une image emblématique du sud-ouest. De nombreux édifices subsistent encore dans toute la Gascogne. Isolés, partie intégrante d'un domaine, ou surplombant la toiture de la ferme, ils entrent dans la composition paysagère des demeures les plus prestigieuses. Les pigeonniers ont longtemps été un signe de richesse.

Ils adoptent une formidable diversité de formes et de styles, reflet de la mosaïque des terroirs gersois, des techniques constructives locales mais aussi de la fortune de leur propriétaire

Pigeonnier-tour cylindrique, pigeonnier-tour à plans carrés ou orthogonaux, sur piliers ou arcades, pigeonnier en pied de mulet ou simple pigeonnier de grenier... ils sont bâtis majoritairement en pierre en Lomagne, Pays d'Auch et Ténarèze, plutôt en brique dans le Savès, et en torchis dans l'Astarac et le Bas-Armagnac. Le colombier est souvent l'édifice le plus ornemental de l'exploitation agricole. Rares sont les constructions vernaculaires à bénéficier d'un tel traitement ornemental (carreaux vernissés, épi de faîtage...).

LES ROUTES DES CRÊTES

Les chemins des crêtes étaient des voies de communication entre les habitants de la Bigorre et ceux de la Lomagne. Ils permettaient l'acheminement des marchandises d'une vallée à une autre, avec, d'abord, des chevaux de bât puis des charrettes ou des mulets. Ces chemins ont créé des relations étroites entre la Bigorre et la Lomagne : matérielles, par les produits vendus (il y avait aussi les outils et petits meubles fabriqués en hiver en montagne), culturelles et relationnelles par les nouvelles véhiculées. Ces chemins de crêtes allaient jusque dans le Quercy et permettaient ainsi l'approvisionnement en fil, aiguilles et petits objets manufacturés.

Ces chemins pouvaient aussi être utilisés pour la transhumance des troupeaux vers les Pyrénées.

TECHNIQUE
LE VIGNOBLE GASCON

La Gascogne est une région viticole où sont cultivés différents cépages, donnant à ses vins leur goût si particulier. Le cépage colombard offre au vin sa note fruitée. L'ugni blanc, outre sa note florale, apporte, la finesse et l'équilibre indispensable à la qualité gustative du vin. Le gros manseng et le petit manseng sont des cépages béarnais tardifs qui produisent des vins bien structurés aux arômes mûrs. Le tannat est la clé de voûte de l'encépagement rouge et rosé : rusé, rocailleux et parfois dur, il possède une robe intense et profonde, presque violacée ; ses arômes sont de fruits rouges et fruits confits. Merlot, cabernet franc et sauvignon sont des cépages aux arômes complexes qui se marient très bien au tannat. Autant de cépages qui raviront les amateurs de bons vins…

VIGNE DANS LE BAS-ARMAGNAC, CÉPAGE COLOMBARD / PHOTO M.C.

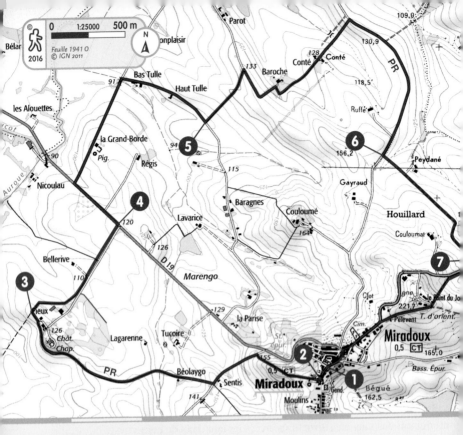

ENVIRONNEMENT

QUAND LES HAIES REFAÇONNENT LE PAYSAGE

VUE SUR MIRADOUX / PHOTO P.P.

Dans les années soixante à Miradoux, les pentes vallonnées s'ornaient d'une cinquantaine de kilomètres de haies parfois très épaisses. Ces haies entouraient des prairies naturelles et abritaient des troupeaux de vaches pendant la belle saison. L'emploi systématique du tracteur provoqua la disparition du bétail de travail, des prairies et des haies. Le Conseil municipal décida de replanter le long des chemins ruraux avec l'aide d'un organisme spécialisé : « Arbre et Paysage 32 ». Aujourd'hui, chacun se félicite de cette reconquête de la nature.

Les **haies paysagères** de **Miradoux**

ALISIER TORMINAL / DESSIN N.L.

Entre Arrats et Auroue, les chemins partout bordés d'essences colorées mènent à des points de vue sur la campagne et la bastide de Miradoux.

1 Prendre la D 953 au sud sur 200 m et passer devant le restaurant *L'Étape*.

2 Tourner à droite, descendre le raidillon sur 300 m *(vue à droite sur Miradoux, panorama)*. Emprunter la petite route à gauche et, face à la ferme Sentis, prendre à droite le sentier en bordure de champ sur 1,2 km. Dépasser le château de Fieux *(privé)* et arriver à un transformateur.

3 Emprunter le chemin à droite sur quelques mètres, puis s'engager à gauche sur le sentier parallèle à la route et bordé d'arbustes variés. Couper le chemin privé de Bellerive et continuer par le sentier en face.

4 Longer la D 19 à gauche *(prudence !)* sur 400 m, puis prendre la route qui monte à droite. Après La Grand-Borde, poursuivre tout droit sur 500 m. Franchir le pont, tourner à droite, passer les fermes Bas-Tulle, puis Haut-Tulle et continuer sur 250 m.

5 S'engager à gauche sur le chemin de terre bordé d'une haie. En haut, prendre la petite route à droite. Elle descend vers la ferme Baroche. Avant la maison, bifurquer à droite au niveau du poulailler et continuer par le sentier toujours bordé de haies. Passer la ferme Conté et emprunter le chemin goudronné qui monte vers la route. La suivre à droite sur 1 km.

6 Après Ruffé, prendre la première allée à gauche qui conduit à la ferme de Peydané et poursuivre par le chemin de terre.

7 Traverser la D 953 et emprunter à droite le GR® 65 *Sentier vers Saint-Jacques*. Au niveau d'une sapinière, monter à gauche jusqu'au Point du Jour. Redescendre vers la D 953, continuer tout droit. Au croisement, prendre à gauche pour rejoindre le point de départ.

S **SITUATION**
Miradoux, à 17 km au nord-est de Lectoure par les N 21 et D 23

P **PARKING**
magasin « Huit à Huit »

/ **DÉNIVELÉE**
altitude mini et maxi

220 m

100 m

B **BALISAGE**
jaune

V **CIRCUIT VTT**

À DÉCOUVRIR...

> **En chemin :**
• Miradoux : église XIIIe (construite à l'emplacement du château) ; portail Renaissance
• Miradoux et ses alentours : vue
• Fieux : château XIXe style Renaissance, privé replantation de haies paysagères le long des chemins
• panorama

> **Dans la région :**
• Gachepouy : château en ruine
• Sainte-Mère : château XIIIe type gascon
• Flamarens : château XVe

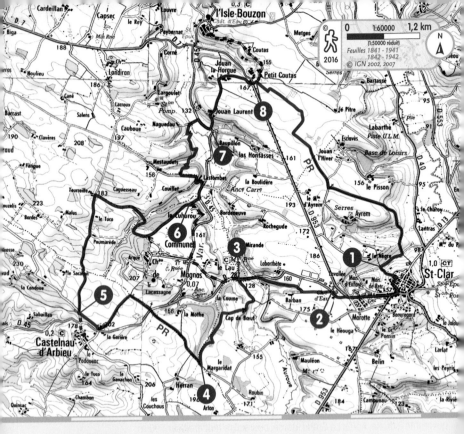

GASTRONOMIE
L'AIL DE LOMAGNE

Condiment goûteux et fruité, l'ail est quasiment élevé au rang des légumes dans la cuisine gasconne. Importé en Lomagne pendant les croisades, c'est aujourd'hui un produit de terroir labellisé (ail blanc de Lomagne, ail violet de Cadours).

Saint-Clar, c'est le pays de l'ail ! Sa culture est un travail de spécialistes : les « cayeux » sont mis en terre dans des champs bien préparés. Avant l'arrachage, (mi-juin), il faut veiller à supprimer les mauvaises herbes et les attaques de la rouille… Après la récolte, l'ail séchera dans les hangars, sera pelé, mis en sacs ou tressé. Lors de la fête de l'ail, dans l'allégresse générale, on oublie les efforts et les soins de toute une année, en dégustant le « tourin à l'ail », connu de tous pour ses vertus.

AIL EN CAISSE / PHOTO CDTL.

La **boucle** de l'**Auroue**

DIFFICILE

5H • 20KM

Le plateau calcaire blanc avec ses chênes noirs entrecoupés de petits vallons, fournit le cadre idéal à tout amateur de nature sauvage.

1 Contourner la salle des fêtes, passer devant le musée de l'École, tourner à droite puis prendre à droite la direction de Lectoure et utiliser la sente aménagée sur 750 m. Au croisement, se diriger à gauche vers Magnas sur 300 m.

2 Suivre le chemin à gauche sur 800 m et passer Barban *(maison de l'Ail)*. Le chemin pénètre dans un bois, grimpe à droite puis descend. Emprunter la D 287 à gauche sur 350 m.

> **Variante :** *circuit de 13 km* - **voir tracé en tirets sur la carte (du repère 3 au repère 6).**

3 Tourner à gauche et suivre l'allée privée de la ferme Cap de Bœuf. Contourner les bâtiments par la droite et continuer tout droit jusqu'à la lisière du bois. Prendre à gauche. Longer un bois puis un champ. Arrivé sur un chemin agricole, tourner à droite sur quelques mètres puis bifurquer encore à droite dans une ancienne plantation de peupliers.

4 Prendre l'allée à droite, monter par le chemin, traverser la D 45 et poursuivre par le chemin sur 400 m. À la croix, se diriger à gauche sur 800 m. Contourner la ferme, emprunter le chemin à droite et déboucher sur la route.

5 Suivre le chemin à droite sur 1,5 km. Passer à gauche de la ferme de Poumarède et continuer par la route jusqu'à Toureille. Prendre le chemin à droite et gagner La Grange. Se diriger à gauche sur 750 m et atteindre une bifurcation.

6 Continuer, prendre la route à gauche sur 200 m et monter à gauche. Avant Lespiouet, s'engager à droite dans un champ, descendre, contourner le bois par la droite, puis emprunter l'allée de Naguedau à droite et la D 145 à droite sur 250 m.

7 Monter par le chemin à gauche, continuer par la route, traverser la D 953 et poursuivre sur 30 m.

> **Par la route, possibilité de gagner L'Isle-Bouzon à 1 km.**

8 Prendre le chemin en face sur 2 km, la route à droite sur 130 m, puis le chemin de la Bénazide à gauche sur 2 km. Suivre la route à droite sur 400 m, puis monter à gauche par le chemin qui rejoint Saint-Clar.

S SITUATION
Saint-Clar, à 36 km au nord-est d'Auch par les N 21 et D 953

P PARKING
salle de l'Ail

/ DÉNIVELÉE
altitude mini et maxi

119 m — 202 m

B BALISAGE
jaune

! DIFFICULTÉS !
traversée de la D 45 entre **4** et **5** puis de la D 953 entre **7** et **8**

V CIRCUIT VTT

À DÉCOUVRIR...

> **En chemin :**
• Saint-Clar : bastide XIIIe (deux places à cornières), musée de l'École, visites guidées du village, concours et fête de l'Ail (juillet-août), chemin de ronde
• Barban : maison de l'ail
• Toureille : petite source
• calvaires et points de vue
• Castelnau-d'Arbieu et de L'Isle-Bouzon : villages pittoresques

> **Dans la région :**
• Avezan : château gascon XIIIe
• Fleurance : bastide XIIIe

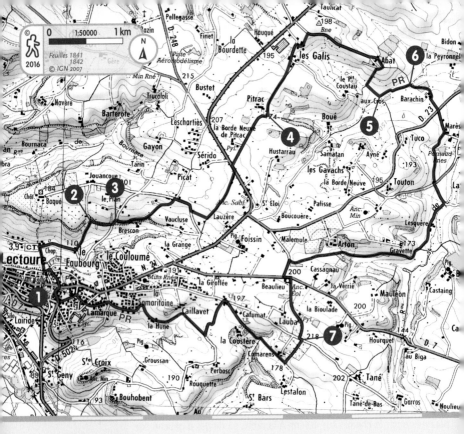

HISTOIRE

LECTOURE, 2 500 ANS D'HISTOIRE

Capitale des Lactorates, un des peuples de la Novempopulanie d'avant César, Lectoure, principal fief des comtes d'Armagnac, ancien évêché, a joué un grand rôle dans le passé ; beaucoup de monuments en témoignent : la cathédrale, le musée (dans l'ancien évêché) avec ses autels tauroboliques, les tours de défense, la fontaine Diane, la tannerie Royale.

Aujourd'hui, la ville, depuis la culture du melon jusqu'au thermalisme en passant par le pastel « Bleu de Lectoure », s'ouvre aux activités nouvelles.

La société « Bleu de Lectoure » cultive cette plante, extrait et produit du pigment pur et fabrique une gamme de produits ennoblis par celui-ci. Dans les anciens ateliers d'une tannerie du XVIIIe siècle, vous pouvez redécouvrir l'étonnante histoire du Pastel qui forgea la légende du « pays de cocagne ».

CATHÉDRALE DE LECTOURE / PHOTO J.T.

Lomagne médiévale

Sur les traces du passé, ce circuit permet une approche de l'architecture nobiliaire du terroir, à travers les sites de Lesquère, Castanh, Pitrac, La Cassagne, Bezodis, Mauléon et Arton.

1 Descendre au Nord le raidillon, emprunter la petite route à droite sur 250 m, puis s'engager à gauche sur le chemin empierré. Le suivre jusqu'à un mur en pierres.

2 Partir à droite dans le bois. Traverser la bambouseraie *(fontaine à gauche)* et déboucher sur une route.

3 Continuer en face par le chemin ombragé. Suivre la route à droite, laisser à gauche deux circuits de randonnée (PR 1 puis PR 2) et prendre le chemin suivant à gauche (Nord). Longer la N 21 à gauche *(prudence !)*, la traverser et emprunter à droite la petite route *(cèdres)* jusqu'à la ferme Pitrac.

4 Laisser le GR® 65 à droite et s'engager sur le chemin herbeux qui aboutit aux Galis. Traverser le hameau, négliger la route à gauche et prendre la petite route à droite. Passer devant la ferme Abat et descendre le versant Sud du coteau.

5 Au croisement, prendre le chemin à gauche et longer le ruisseau.

6 Virer à droite vers Barrachin, prendre l'allée à gauche, couper la D 23 *(prudence !)* et continuer vers Marès. Longer les bâtiments par la droite sur un chemin de terre, croiser la D 269 et poursuivre. Se diriger à droite, passer Lesquerre *(ferme fortifiée)* et remonter le vallon à droite vers Arton, par un chemin ombragé. En haut, emprunter le chemin vicinal à gauche, la D 7 à gauche *(prudence !)*, la route à droite sur 750 m et la route à gauche sur 30 m.

7 S'engager à droite sur le chemin empierré *(prunelaie)*, emprunter le sentier à droite et passer la ferme de La Coustère. Au croisement, prendre la route à gauche sur 30 m puis encore la route à gauche sur 500 m. Suivre le chemin de terre à droite, puis continuer par la petite route. Au carrefour, aller tout droit, passer l'école maternelle *(bien suivre le balisage)*, remonter à droite vers la place du Maréchal-Lannes, puis tourner à gauche vers le centre-ville.

DIFFICILE

5 H • 20 KM

S SITUATION
Lectoure, à 35 km au nord d'Auch par la N 21

P PARKING
Tour du bourreau

/ DÉNIVELÉE
altitude mini et maxi

218 m

110 m

B BALISAGE
jaune (PR 4)

! DIFFICULTÉS !
traversée de la N 21 entre **3** et **4**, de la D 23 puis de la D 7 entre **6** et **7**

V CIRCUIT VTT

À DÉCOUVRIR...

> **En chemin :**
• Lectoure : ensemble architectural, cathédrale Saint-Gervais-et-Saint-Protais, remparts, rues pittoresques, musée lapidaire, tour du Bourreau
• bambouseraie et fontaine
• « Salas » : maisons fortes

> **Dans la région :**
• Lectoure : atelier du Bleu de Lectoure (histoire du pastel)
• Fleurance : bastide XIIIe
• Saint-Clar-de-Lomagne : bastide (deux places à Cornières), halle XIIIe
• La Romieu : collégiale Saint-Pierre XIVe, village des Chats, arboretum

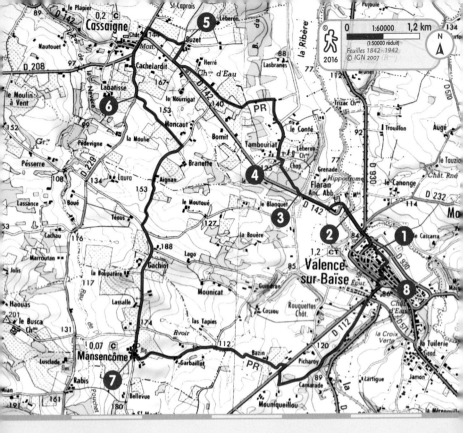

L'ABBAYE DE FLARAN

Située en bordure de la Baïse, la belle abbaye de Flaran, propriété du département, entièrement restaurée, a été fondée en 1151 par les moines venus de l'Escaladieu en Bigorre. L'église romane construite de 1180 à 1210, s'ouvre par une porte en plein cintre ; un long escalier conduit à l'étage du dortoir des moines, comprenant depuis le XVIIIe, six cellules individualisées et ornées. S'ouvrent sur les cloîtres, véritables havre de paix : la salle capitulaire, joyau de l'abbaye, le réfectoire, le chauffoir. Les bâtiments conventuels refaits au XVe et XVIIIe siècle sont les témoins du dépouillement dans l'art de bâtir et dans l'ornementation

ABBAYE DE FLARAN / PHOTO T.S.

de la règle des Cisterciens. Halte sur les chemins de Compostelle, l'abbaye, dans son écrin de verdure, abrite le musée des Chemins jacquaires du Gers.

Les **châteaux gascons**

Ponctué par de nombreux lieux historiques : châteaux gascons et abbaye de Flaran, ce circuit traverse un paysage où alternent vignes et bois.

1 Emprunter le circuit des Remparts jusqu'au boulevard du Nord et descendre à gauche par le chemin en forte pente des Droits Humains jusqu'à la D 930. Au rond-point, continuer en direction de l'abbaye de Flaran par la D 142.

2 Laisser un chemin à droite, franchir la Baïse sur le pont et traverser le parc de l'abbaye. Prendre la D 142 à droite vers le bois des Moines *(forêt communale de Valence)*.

3 Entrer dans le bois à droite et poursuivre par le sentier jusqu'au bout de la vigne. Déboucher sur une voie communale.

> À droite, se trouvent le château de Léberon et la chapelle de Flarambel.

4 La prendre à gauche, puis tourner à droite vers Pisset. Dépasser la ferme, puis s'engager à gauche sur le sentier qui longe un bois puis des vignes. Continuer tout droit, passer Médicis, poursuivre par le chemin empierré et arriver au château d'eau. Emprunter la D 142 à droite puis la première route à droite entre les vignes.

5 Après Buzet, s'engager sur le chemin à gauche. Prendre la D 208 à gauche, traverser Cassaigne *(château à visiter)*, poursuivre par la D 208, puis emprunter la D 229 à gauche sur 500 m.

6 Prendre le sentier à gauche sur 1 km, puis la petite route à droite, et atteindre Aignan. Poursuivre par le sentier sur 600 m. Emprunter la route à gauche, puis bifurquer à droite et gagner Mansencôme *(vue à l'ouest sur le château du Busca)*.

7 À la sortie du village, virer à gauche vers Labourdette, puis descendre à gauche par le sentier à travers les vignes et poursuivre tout droit par la route sur 1,5 km. Emprunter la D 112 à droite, puis partir à gauche vers Douam. Avant la ferme, s'engager à gauche sur le sentier. Traverser la route et continuer en face sur 1 km pour atteindre le bas de Valence-sur-Baïse. Se diriger vers le centre-ville et franchir la rivière.

8 Monter à droite par la côte de l'Hérisson et rejoindre le centre de la bastide par la porte de l'Hérisson.

S SITUATION
Valence-sur-Baïse, à 8 km au sud de Condom par la D 930

P PARKING
place Voltaire

/ DÉNIVELÉE
altitude mini et maxi

188 m

82 m

B BALISAGE
jaune

! DIFFICULTÉS !
parcours le long de la D 142 entre **1** et **3**, des D 208 et D 229 entre **5** et **6**, de la D 112 entre **7** et **8** (routes dangereuses)

V CIRCUIT VTT
E CHEMIN ÉQUESTRE

À DÉCOUVRIR...

> En chemin :
• Valence-sur-Baïse : bastide XIIIe, promenade des remparts
• Flaran : abbaye cistercienne XIIe
• bois des Moines
• Léberon : château
• Flarambel : chapelle
• Cassaigne : château (visite possible)
• Mansencôme : vue sur le château du Busca-Maniban

> Dans la région :
• Condom : cathédrale, cloître ogival XVIe, église Saint-Jacques, musée d'Armagnac

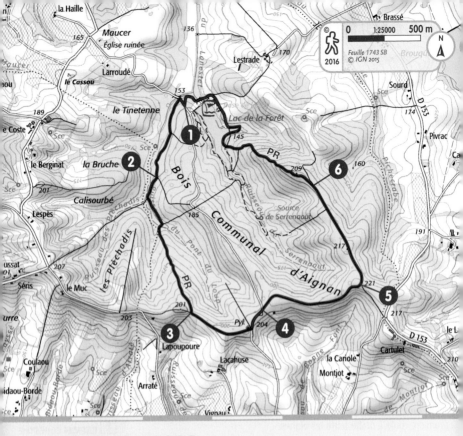

FAUNE ET FLORE

LE PASSAGE DES PALOMBES

On nomme ainsi dans le sud-ouest les pigeons ramiers migrateurs ; on est près du nom scientifique : *columba palustres*. Les palombes traversent les Pyrénées occidentales, entre l'Atlantique, qu'elles délaissent par manque de repères physiques, et les hauts sommets, trop élevés (en effet, le plafond de l'oiseau est de 1 600 m). Lors de leur survol du Gers, malgré le gros millier de palombières qui les attend, elles passent, inaccessibles, haut dans le ciel. Mais elles doivent faire étape ; et alors le chasseur intervient. Entre les vols, avec ses copains (car c'est une affaire d'hommes), il raconte des histoires, plaisante, mange, boit et « chasse »… les champignons ! Jaloux de sa liberté, le gascon accepte cependant d'être enfermé : ici-bas, chez lui, pour les matchs de rugby à la télé et là-haut, à la fin d'octobre, dans sa palombière !

PIGEON RAMIER / DESSIN P.R.

Le **bois** d'**Aignan**

TRÈS FACILE

1H40 • 5KM

Partant du lac d'Aignan, la boucle, entièrement en sous-bois avec son circuit à thème et ses palombières, offre des points de vue sur la campagne, le bourg et les Pyrénées.

FRÊNE / DESSIN N.L.

1 Prendre la route à droite, puis s'engager sur le sentier à gauche et emprunter le circuit à thème *(bien suivre le balisage dans le bois)*. Le chemin monte légèrement.

2 Laisser le PR 2 à gauche et bifurquer à droite. Franchir le petit ruisseau du Pont-du-Loup et continuer par le chemin qui s'élève en pente douce et traverse une lande d'ajoncs et de fougères.

3 À l'intersection (palombière), prendre le chemin à gauche, puis emprunter la route *(vue sur Aignan, la campagne vallonnée et les Pyrénées)* à gauche sur 200 m.

4 Monter à droite par le sentier sur 700 m.

5 À l'intersection, suivre à gauche le sentier bordé de palombières *(prudence !)* sur 1 km.

6 À la fourche, se diriger à gauche et longer le lac pour rejoindre le point de départ.

ÉGLISE D'AIGNAN / PHOTO J.T.

S SITUATION
Aignan, à 56 km à l'ouest d'Auch par les N 124 et D 20

P PARKING
base de loisirs

/ DÉNIVELÉE
altitude mini et maxi

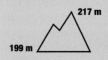

217 m

199 m

B BALISAGE
jaune (PR 3)

V CIRCUIT VTT

À DÉCOUVRIR...

> En chemin :
• bois d'Aignan : sentier de découverte (essences d'arbres)
• point de vue sur Aignan et la campagne environnante
• palombières
• base de loisirs

> Dans la région :
• Nogaro : circuit automobile, arènes
• Marciac et Plaisance: bastides
• Manciet : arènes

LE GERS : « PAYS » ÉCLECTIQUE OFFRANT UNE MOSAÏQUE DE PAYSAGES

En fonction du sol et du relief, de la pente et de l'exposition, le « peuple des collines » s'est adapté et tire parti de ce que la nature lui donne. Aussi, la campagne malgré son aspect naturel et parfois sauvage, y est en fait très domestiquée, et s'offre au regard tel un patchwork de parcelles aux formes, aux grandeurs et aux couleurs les plus diverses : prairies, terres labourables, vignes, landes, garrigues ou boisements, vergers, jardins, plans d'eau, parcs de grandes demeures et vallons secrets… autant d'univers et d'ambiances qui se marient harmonieusement et se renouvellent sans cesse, au rythme des lumières, des saisons, des activités…

Le paysage gersois tout entier est ainsi une incitation à la diversité des cultures, des élevages, et donc des pratiques et des produits. Plusieurs récoltes, à plusieurs moments de l'année, et si possible à chaque saison pour étaler le travail et la ressource… Variété des produits, dans le temps et dans l'espace ; cela peut se traduire par travailler et produire tout le temps, un agenda toujours bien rempli, mais ce qui garantit au minimum un résultat voire un revenu. Une sécurité face aux aléas climatiques, sanitaires, économiques. Cela permet d'être relativement autonome et de ne pas dépendre d'une seule récolte, et de l'importation de trop nombreuses ressources : de toujours pouvoir profiter de quelque chose. Cela permet de jouer sur toutes les complémentarités, entre plantes cultivées et animaux, et entre culture et élevage, l'un rendant service à l'autre.

Une diversité et un éclectisme que l'on retrouve dans les activités traditionnelles, et toujours dans l'assiette des gascons.

En Gascogne gersoise, le bocage revêt toutes les formes possibles et inimaginables que peuvent prendre les arbres dans un paysage de campagne au sein duquel ils s'insinuent, dans toutes les variantes de la mosaïque champêtre. Entre chaque parcelle, un linéaire incalculable de bordures ou de séparations de déplie : limites foncières, bord de talus ou de pente, bord de route, berge de rivières ou de lieux d'eau, autant de possibles pour que l'arbre vienne s'y aligner en pointillés ou en haies. Arbres fruitiers et arbres champêtres taillés en têtard ou en « trognes », aux silhouettes indescriptibles, protagonistes de ces bordures où l'on pouvait facilement accéder à leurs produits bois, fruits et feuilles pour le fourrage.

ÉLEVAGE PRÈS D'EAUZE / PHOTO M.-F.H.

Autant d'arbres domestiqués, mais qui pour la plupart ont commencé leur existence en « poussant tous seuls ».

Pour en savoir plus sur les arbres et sur les paysages :
Arbre et Paysage 32 : www.ap32.fr

CHAMPS PRÈS DE LA ROMIEU / PHOTO M.-F.H.

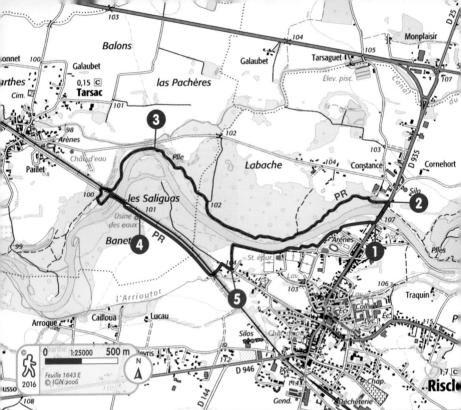

LA VALLÉE DE L'ADOUR

Une « *Risclo* » est une rangée de pierres disposées dans le fleuve pour attirer le poisson dans la nasse : ce serait l'origine du nom de Riscle. Arrosant cette ville avant de traverser Aire-sur-Adour et Dax, au centre d'une vallée très fertile, l'Adour est un fleuve qui se jette directement dans l'Atlantique. Le maïs, plante tropicale, importé en Rivière Basse dès le XVIe siècle, a trouvé ici un climat propice à sa culture, sur des sols trop humides en hiver pour être semés en blé. La large plaine de l'Adour a été drainée et irriguée : elle est aujourd'hui très largement exploitée ; l'ancien « bocage de vallée » et ses prairies dédiées à l'élevage, ont cédé la place à de vastes étendues de maïs.

ÉGLISE DE RISCLE / PHOTO CDTL.

Le **long** de l'**Adour**

TRÈS FACILE

1H40 • 5KM

ÉCUREUIL ROUX / DESSIN P.R.

Courte et facile, mais variée et ombragée, cette boucle suit le fleuve de l'Adour et traverse une forêt aux essences répertoriées.

❶ Rejoindre le parking en face de la piscine. Prendre le pont et traverser le fleuve Adour.

❷ Après le pont, tourner à gauche et suivre le sentier aménagé le long de l'Adour sur 2 km.

❸ Aux tables de pique-nique, prendre à gauche, toujours le long de l'Adour, 500 m plus loin, passer sous le pont en pierre de la voie ferrée. 100 m après, tourner à droite puis de suite à droite. Au parking, bifurquer à droite le long de la ligne de chemin de fer et poursuivre tout droit sur 250 m.

❹ Tourner à droite puis de suite à gauche sur la petite route, la suivre sur 600 m. Prendre à gauche, passer sous le pont de la voie ferrée, tourner à droite.

❺ Bifurquer à gauche sur un sentier jusqu'à la rivière. Tourner à droite, continuer tout droit sur 250 m, s'engager sur une digue qui surplombe le terrain de sport. Poursuivre tout droit jusqu'au point de départ.

MAÏS / DESSIN N.L.

S SITUATION
Riscle, à 17 km à l'est d'Aire-sur-l'Adour par la D 935

P PARKING
pont de l'Adour (rive droite)

/ DÉNIVELÉE
altitude mini et maxi

107 m

103 m

B BALISAGE
jaune (PR 1)

V CIRCUIT VTT

À DÉCOUVRIR...

> En chemin :
• rives de l'Adour
• sentier botanique

> Dans la région :
• route des Preux et des Maréchaux
• Nogaro : circuit auto-mobile, arènes
• Marciac et Plaisance : bastides
• Manciet : arènes

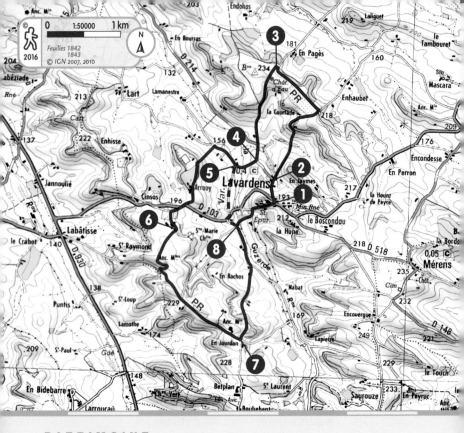

PATRIMOINE
À L'OMBRE DU CHÂTEAU

Les *castelnaux* sont des villages fortifiés subordonnés à un château. Ils sont apparus entre les Vᵉ et VIIᵉ siècles et résultent d'un mouvement de concentration de l'habitat autour de places fortes, multitude de petits fiefs tenus par les héritiers ou les vassaux des grands seigneurs. À Lavardens, le château était le fief des comtes d'Armagnac avant d'appartenir à la famille de Mirebeau. Situé sur un point élevé stratégique, comme la plupart des *castelnaux*, il offre une audacieuse construction avec encorbellement. À l'intérieur, le randonneur, sensible au sol qu'il foule,

VUE SUR LAVARDENS / PHOTO CAUE

remarquera les dallages assemblés différemment d'une pièce à l'autre.

Le **circuit** du **château** de **Lavardens**

FACILE

3H • 10KM

Empruntant le chemin des collines qui entourent le village perché de Lavardens, le randonneur découvre à tout moment le château sur son promontoire rocheux.

❶ Descendre par la rue à gauche de l'église et prendre la D 214 en direction de Castéra-Verduzan jusqu'au lieu-dit L'Enclos.

GRILLON / DESSIN P.R.

❷ Après les bâtisses, emprunter à droite le chemin de terre qui monte vers la ferme de la Coutarde et contourner les bâtiments par la droite. Prendre à gauche le chemin goudronné en direction du château d'eau et arriver à une intersection.

❸ Descendre par le chemin à gauche vers Le Cordelier et poursuivre par la D 214 sur 200 m, jusqu'à la croix du Barron.

❹ Bifurquer à droite, franchir la Guzerde à gué et parvenir au carrefour de Menjeton.

> Variante *(circuit complet de 5 km)* : tourner à gauche, longer le vallon et retrouver le circuit principal (repère ❽).

❺ Tourner à droite et gagner Encraman. Après la ferme, monter à gauche à travers champ jusqu'à la lisière du bois. La longer à gauche et aboutir à Arrouy. Rejoindre la D 103, la suivre à droite sur 50 m, puis bifurquer à gauche et se diriger à gauche vers la ferme d'Encapette.

❻ Avant la chapelle Sainte-Marie, s'engager à droite à travers des prairies pour rejoindre des anciens moulins. Emprunter la petite route à gauche sur 1 km jusqu'au croisement d'En-Jourdan.

❼ Descendre par le chemin à gauche vers En-Bouet et poursuivre à gauche le long du vallon.

❽ Virer à droite pour traverser le ruisseau et continuer par le chemin qui ramène au village.

S SITUATION
Lavardens, à 23 km au nord-ouest d'Auch par les N 124, D 930 et D 103

P PARKING
place de l'Église

/ DÉNIVELÉE
altitude mini et maxi

233 m

143 m

B BALISAGE
jaune (PR 1)

V CIRCUIT VTT

E CHEMIN EQUESTRE

À DÉCOUVRIR...

> En chemin :
• château de Lavardens
• croix du Barron
• chapelle Sainte-Marie
• anciens moulins
• points de vue panoramiques
• lavoir

> Dans la région :
• Jégun : ancien fief des comtes d'Armagnac, bastide fortifiée du XIIᵉ
• Biran : castelnau typique
• Ordan-Larroque : village fleuri, castelnau

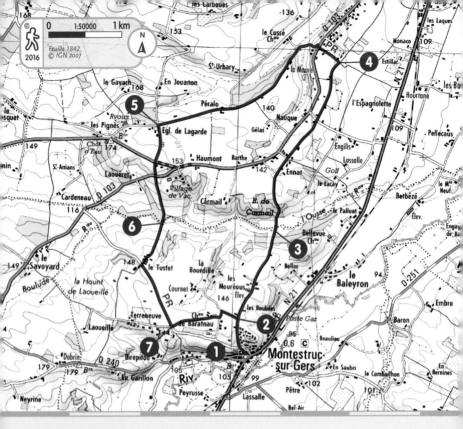

TRADITION

L'ÂNE DE MONTESTRUC

Parmi les contes des veillées d'autrefois, retenons celui-ci : après une journée chaude et orageuse, les gens du village prennent le frais autour de la mare communale. La lune s'y reflète, non loin du museau d'un âne qui s'abreuve paisiblement. Tout à coup, la lune disparaît.

L'âne a avalé la lune ! Au petit matin, l'âne est porté, pattes liées, au tribunal de Lectoure. En traversant le bois du Ramier, des loups surgissent, la troupe terrorisée se disperse, abandonnant le pauvre animal. Le lendemain soir, pas de lune. Consternation générale ! Comment réunir les vingt morceaux de lune passés dans vingt estomacs de loups ?
Tout à coup, l'astre de la nuit revient à la surprise de tous, c'est le plus âgé du village qui apporte l'explication : « les loups affamés ont déchiré le ventre de l'âne et la lune en a profité pour s'échapper » !

ÂNE DES PYRÉNÉES / DESSIN P.R.

Le **sentier** des **Étoiles**

MOYEN

3H • 11,5KM

Partez à la découverte des châteaux et des églises du cœur de Gascogne, tout près du hameau des Étoiles.

1 Monter en direction du lotissement de la Borde-d'en-Haut. Prendre la route à droite face à la vieille ferme à colombage.

2 Poursuivre par la route. Passer Les Boubées, Les Mauréous et continuer en face par le sentier. Descendre vers le ruisseau de l'Ousse.

3 Franchir le ruisseau et monter en face, couper plusieurs chemins puis une route et poursuivre sur 600 m.

4 À l'entrée d'un bosquet, avant une maison, virer à gauche et traverser la D 103 *(prudence !)*. Continuer en face vers le château du Cussé *(privé)*, puis bifurquer à gauche sur la petite route qui longe le bois et passe au Maure. Poursuivre en lisière, puis par la route et arriver à l'église de Lagarde.

5 Tourner à gauche en direction du cimetière, puis couper la D 303 *(prudence !)*.

> Le hameau des Étoiles se trouve à 500 m à gauche.

Continuer tout droit par le chemin caillouteux puis par le sentier à droite de la maison. Traverser la D 103 *(prudence !)* et poursuivre par le sentier en face. Il descend vers le ruisseau de l'Ousse.

6 À la passerelle en bois, remonter tout droit et atteindre le hameau du Tustet. Passer les bâtiments, puis emprunter la route à gauche sur 900 m.

7 Avant Les Charles, au niveau du poteau téléphonique, s'engager à gauche sur le sentier qui longe des vignes. Après la ferme, prendre la route à gauche sur quelques mètres, puis le sentier caillouteux à droite.

2 Emprunter la route à droite *(PR 21)*, traverser les lotissements et rejoindre Montestruc.

S **SITUATION**
Montestruc-sur-Gers, à 7 km au sud de Fleurance par la N 21

P **PARKING**
poste

/ **DÉNIVELÉE**
altitude mini et maxi

165 m

100 m

B **BALISAGE**
jaune (PR 1)

! **DIFFICULTÉS !**
traversée de la D 103 entre **4** et **5** puis des D 303 et D 103 entre **5** et **6**

V **CIRCUIT VTT**

À DÉCOUVRIR...

> **En chemin :**
• Montestruc-sur-Gers : maisons gasconnes, vestige de la tour médiévale (« tour du guet »), église
• château de Cusse (privé)
• Lagarde : église,1830, dédiée à saint Gervais et saint Protais, orientée vers l'ouest
• hameau des Étoiles : centre d'animation astronomique (dôme équipé des techniques d'observation et de multimédia très modernes)

HAMEAU DES ÉTOILES / PHOTO B.A.

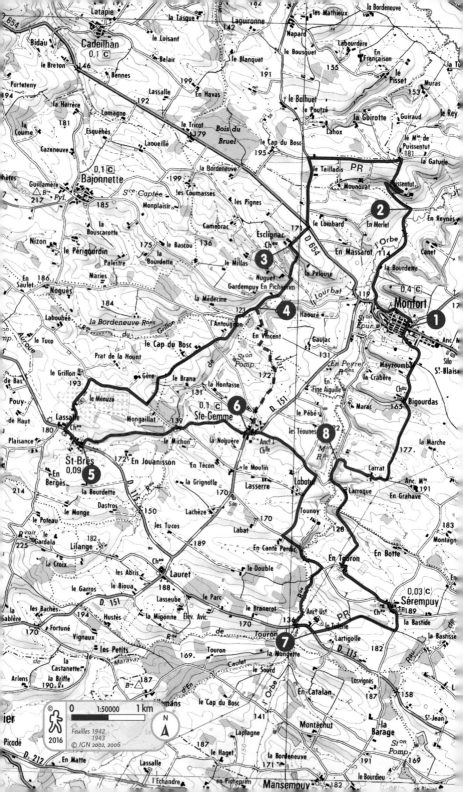

Les **quatre Clochers** (sentier thématique)

Vous découvrirez tout ce qui fait le charme du Gers : villages de caractère, bastide, châteaux, pigeonniers, lavoirs… et un paysage paisible, vallonné et varié.

1 Suivre le panneau de départ « Gers à pied ». Traverser le camping et descendre vers la vallée de l'Orbe par un sentier et déboucher sur une voie communale, la suivre à droite sur 1 km.

2 Tourner à gauche dans un chemin d'exploitation qui remonte vers l'allée de la ferme Puissentut. Au croisement, prendre à gauche et suivre le fléchage *Gers à pied*. Aboutir à la D 558. Tourner à gauche au croisement et poursuivre tout droit, traverser la D 654 et suivre l'allée empierrée du château d'Esclignac.

3 Tourner à gauche puis descendre dans le bois à droite et franchir le vallon. Laisser la ferme de Nuguet à droite et utiliser le sentier qui traverse le champ. Couper la route et prendre la route suivante à droite sur 400 m.

> Variante *(circuit de 18 km)* : voir tracé en tirets sur la carte.

4 Poursuivre par la route sur 300 m, puis s'engager sur le sentier à gauche et prendre l'allée à gauche. Couper la route, passer Le Cap-du-Bosc et continuer par le sentier. Après un bosquet, emprunter le chemin à droite puis la route. Au carrefour, utiliser la route à gauche et gagner l'église de Saint-Bres. Traverser le village à gauche.

5 Prendre le chemin de la Fontaine à gauche sur 1 km, puis la route à droite qui passe le pont de Lourbat, et le chemin à gauche sur 900 m jusqu'à Sainte-Gemme.

6 Continuer par la D 151, puis bifurquer à droite et gagner le lavoir du Picharrot. Poursuivre par la route sur 250 m, puis prendre le sentier à droite. Descendre par la route à gauche et passer le ruisseau. Au croisement, tourner à droite, puis s'engager sur le chemin à gauche dans un pré et longer le ruisseau. Emprunter la D 115 à gauche.

7 Après un virage, bifurquer à gauche sur le sentier. Prendre la route qui traverse Sérempuy à gauche, tourner à gauche, puis partir à droite vers En-Touron. Passer entre les hangars et emprunter le sentier bordé de haies à droite. Dans le bois, continuer tout droit et, après Larroque, poursuivre vers le Nord.

8 Partir à droite vers Larrat, passer la ferme et continuer par le chemin. À la croix, prendre à gauche sur 1 km vers Bigourdas. Poursuivre par la route jusqu'à Montfort.

S SITUATION
Monfort, à 15 km à l'est de Fleurance par la D 654

P PARKING
place du village (panneau de départ)

/ DÉNIVELÉE
altitude mini et maxi

193 m

114 m

B BALISAGE
jaune (PR 4)

! DIFFICULTÉS !
traversée de la D 654 entre **2** et **3** puis parcours le long de la D 115 avant **7**

V CIRCUIT VTT

À DÉCOUVRIR...

> En chemin :
• Monfort : bastide XIIIᵉ, promenade des remparts, lavoir, fontaine et abreuvoir
• moulin d'Esclignac
• ancienne carrière
• château d'Esclignac XIᵉ (ancienne demeure des seigneurs de Preissac), privé
• villages pittoresques de Saint-Bres, Sainte-Gemme et Sérempuy
• lavoirs

> Dans la région :
• bastides XIIIᵉ de Cologne, Fleurance, Gimont

PATRIMOINE
MONFORT PORTE BIEN SON NOM

C'est une cité de pierre, dressée sur un piton rocheux d'où émerge un imposant clocher octogonal qui conserve un caractère homogène et bien restauré. Édifiée au XIIIe siècle, cette bastide a su conserver un patrimoine historique et architectural riche et varié : l'église du XIVe siècle, les remparts qui ceinturent la bastide et les anciennes douves, la fontaine, l'abreuvoir et le lavoir restaurés, les maisons aux façades à colombages ou à galeries avec fenêtres à meneaux. À 1 km au sud-est, la chapelle Saint-Blaise est le seul vestige du village qui existait avant la fondation de la bastide au Xe siècle. La construction bien restaurée et l'enclos aménagé en font un bijou dans son écrin de verdure.

ARTS ET LITTÉRATURE
LES MAISONS PAYSANNES DU GERS

Le paysage de la Gascogne gersoise est composé de collines douces et, dans les plaines, de cultures variées ; il est animé par des bouquets de grands arbres ; aussi, tout naturellement s'y intègrent des constructions simples sans caractères éclatants. Cependant, il y a des variétés dans les types de constructions. La maison bloc groupant sur le même plan du sol l'habitation et l'exploitation est la forme habituelle. Souvent les deux éléments se complètent en forme d'équerre.

Il reste encore des maisons en terre et les maisons en colombage total ou partiel sont nombreuses. Un nombre appréciable de maisons à étage ont la particularité d'élever un tympan triangulaire en bordure du toit au centre de la façade pour y ouvrir une lucarne donnant lumière et air au grenier couvert de tuiles canal. Dans la région, on note l'élégante paroi à claire-voie servant à l'aération du fenil, dont les baguettes de bois se croisent en losanges. Enfin, comme en Chalosse, au Pays Basque et dans les Landes, de nombreuses maisons s'ouvrent par un pignon, sous un toit à deux eaux (pentes).

MAISON EN PISÉ (ASTARAC) /
PHOTO ARBRE ET PAYSAGE 32.

CLOCHER DE MONFORT / PHOTO J.T.

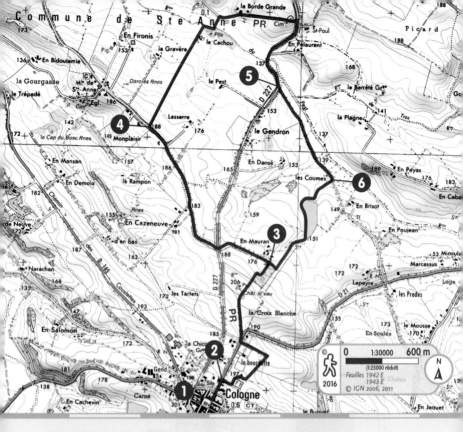

PATRIMOINE

LA BASTIDE DE COLOGNE

Une bastide est un village fondé au Moyen Âge, aux XIIIᵉ et XIVᵉ siècles, par un paréage (ou accord à deux), entre le roi et le seigneur local : ici Philippe le Bel et Odon de Terride. L'aspect géométrique avec son plan quadrillé, caractérise les bastides, comme celle de Cologne, créée en 1284 avec, au centre, la place et la maison commune. C'était l'endroit où s'effectuaient les annonces officielles et les échanges économiques : d'ailleurs, sous la halle, d'anciennes mesures à grains en pierre en témoignent encore. La maison-type donne sur la place ou la rue, construite en torchis et colombages. Le premier étage était réservé à la partie habitation, tandis que le rez-de-chaussée était consacré au commerce, à l'artisanat, voire à l'écurie.

BASTIDE DE COLOGNE / PHOTO CDTL.

Le **circuit** du **Cachou**

Sur le plateau entre deux vallées, découvrez de larges panoramas sur la chaîne des Pyrénées et sur les coteaux de Lomagne.

1 Prendre la rue de Saboulies, passer devant la salle polyvalente et suivre la D 21 sur 100 m.

2 Partir à droite vers le cimetière et, juste avant, virer à gauche. Le circuit zigzague, puis tourne à gauche et longe le terrain de sport. Traverser la D 21 et se diriger vers le château d'eau, au lieu-dit Saboulies *(emplacement primitif d'une église et d'un cimetière antérieurs à la fondation de Cologne ; point de vue sur les Pyrénées)*. Le dépasser et atteindre En-Mauran.

ABEILLE /
DESSIN P.R.

3 À la corne Nord du bois, tourner à gauche. Traverser la D 227 et poursuivre par la route de crête sur 1 km, en direction de Sainte-Anne *(panorama sur la chaîne des Pyrénées et les coteaux de Lomagne)*.

4 Descendre à droite vers le ruisseau du Pest et le franchir sur la passerelle *(prudence !)* au niveau du Cachou. Remonter et prendre le chemin à droite. Passer devant le petit cimetière de Saint-Paul, puis emprunter la D 227 à droite sur 600 m.

5 Bifurquer à gauche sur le petit chemin de la Rivière.

6 Au niveau des Coumes, tourner à droite et monter vers le bois d'En-Mauran. Virer à droite en lisière pour retrouver la corne Nord du bois.

3 Par l'itinéraire utilisé à l'aller, revenir à Cologne.

S SITUATION
Cologne, à 39 km au nord-est d'Auch par les N 124, D 928 et D 654

P PARKING
place de la Halle

/ DÉNIVELÉE
altitude mini et maxi

206 m

137 m

B BALISAGE
jaune (PR 1)

! DIFFICULTÉS !
• parcours le long de la D 21 entre **1** et **3**, de la route de crête entre **3** et **4** puis de la D 227 entre **4** et **5**
• passerelle entre **4** et **5**

V CIRCUIT VTT

LAC DE THOUX-SAINT-CRICQ /
PHOTO CDTL

À DÉCOUVRIR...

> **En chemin :**
• Cologne : bastide avec arcades surmontées de maisons en briques, halle du XIVᵉ
• panorama sur la chaîne des Pyrénées
• hameaux pittoresques

> **Dans la région :**
• Mauvezin : halle XIVᵉ
• Sarrant : village médiéval
• Thoux : village fleuri
• Saint-Cricq : lac de plaisance utilisé aussi pour l'irrigation

Promenade
Claude-Desbons

Un parcours-détente sur les berges du Gers aménagées et arborées sur plusieurs kilomètres, avec en permanence la vue sur la ville historique d'Auch.

> Une brochure détaillée « Berges du Gers » est disponible à l'office de tourisme.

CORNOUILLER SANGUIN /
DESSIN N.L.

S SITUATION
Auch

P PARKING
parc d'Endoumingue (hippodrome)

B BALISAGE
panneaux ville (livret des Berges du Gers disponible à l'office de tourisme)

! DIFFICULTÉS !
circuit linéaire (prévoir de revenir chercher son véhicule par le bus n° 4 sauf le dimanche, ou de laisser un véhicule à l'arrivée et un autre au départ)

De l'**hippodrome de la Ribère** ❶, emprunter en face la promenade des Berges jusqu'au **parc du Couloumé** ❷ (5 ha, 420 arbres d'essences différentes). Poursuivre sur une partie du chemin de Saint-Jacques-de-Compostelle venant d'Arles.

Entrer dans la **ville historique**.

Les pousterles, ruelles médiévales à forte pente, permettaient de s'approvisionner en eau à la rivière qui coulait au pied du coteau et occupait la place des actuelles allées de Lagarrasic. Dans cette rivière Gers, se reflètent les architectures de la cathédrale Sainte-Marie, de la tour d'Armagnac et de l'escalier monumental avec la statue de d'Artagnan, mousquetaire du Roi.

Laisser à droite les ponts de la Treille, du Prieuré, Barbes et Lagarrasic, qui relient la vieille ville à la partie plus moderne.

Poursuivre en direction du **jardin public d'Ortholan** ❸ *(aires de jeux)*, passer les ateliers municipaux, le camping municipal et arriver au **parc des sports du Moulias** ❹ *(stades, piscine, terrains de tennis)*.

> **Pour rejoindre le point de départ (hippodrome), possibilité d'emprunter la ligne de bus n° 4** *(passage toutes les heures environ à l'entrée du stade, ne fonctionne pas le dimanche)* **; sinon, revenir par le même itinéraire.**

À DÉCOUVRIR...

> **En chemin :**
• rives du Gers, parc sylvestre du Couloumé, jardin public Ortholan

> **Dans la région :**
• Auch : centre historique riche en monuments, bois d'Auch

TRADITION

LES ARÈNES JOSEPH FOURNIOL À VIC-FEZENSAC

Jusqu'en 1938, les corridas ont lieu régulièrement avec des fortunes diverses ; la guerre interrompt alors l'activité taurine de Vic qui ne reprendra qu'en 1947. Les arènes acquièrent au fil des ans, grâce au Club Taurin Vicois, un succès d'estime qui se transforme rapidement par l'octroi du label de « plaza du toro de lidia ». Toutes les grandes castes sont venues à Vic et, certaines d'entre elles ont fait leur début en France. « Des toros-toros pour ceux qui veulent les combattre », cette profession de foi respectée amène chaque fois un nombre important d'aficionados. Chaque année pour le week-end de Pentecôte a

LES ARÈNES JOSEPH FOURNIOL / PHOTO CDTL

lieu la « feria de Pentecôte à Vic » : corridas, courses landaises, défilés burlesques en musique, concerts, bodega... un rendez-vous que beaucoup connaissent !

Le **chemin** de **Robert**

À mi-chemin d'un parcours très varié avec vue sur les Pyrénées, la forêt domaniale de Montpellier fournissait autrefois aux verriers le bois nécessaire à la fabrication des bouteilles des eaux-de-vie d'armagnac.

NERPRUN ALATERNE / DESSIN N.L.

S SITUATION
Riguepeu, à 14 km au sud de Vic-Fezensac par la D 34

P PARKING
place du Foirail

/ DÉNIVELÉE
altitude mini et maxi

240 m

138 m

B BALISAGE
jaune (PR 1)

V CIRCUIT VTT

1 Suivre à droite (Nord) la D 34 sur 150 m, puis prendre la route à gauche. Monter tout droit vers Pedantin et continuer par le chemin herbeux de crête sur 1,5 km *(vue sur Riguepeu)*. Le chemin devient empierré, traverse un bois *(prudence : palombières)* et arrive à une intersection *(panorama)*.

2 Laisser le chemin à droite (PR) et continuer tout droit. Longer des vignes basses et poursuivre par le chemin.

3 Prendre la route à droite, passer Carsicot et Molère *(élevage d'oies grises)*, couper la petite route et descendre par le chemin empierré qui conduit dans la forêt domaniale de Montpellier *(célèbre pour ses verreries d'où sortaient les bouteilles destinées à contenir les eaux-de-vie d'armagnac)*. Poursuivre par le chemin sur 600 m et atteindre une clairière.

> En continuant tout droit sur 50 m : chêne du Juge *(où l'on rendait autrefois la justice)*.

4 Virer à gauche et continuer par le chemin de terre sur 1 km.

5 Bifurquer à gauche, puis emprunter le chemin caillouteux à gauche et prendre à gauche la petite route qui mène à Raguet. Continuer à droite par la route qui devient empierrée *(panorama sur la chaîne des Pyrénées et le village de Saint-Araillles)*.

6 En haut, avant la maison Pannepan, s'engager à gauche et longer le champ, puis continuer par le chemin herbeux sur 1 km *(vues sur Saint-Martin)*. Après avoir longé la ferme France, emprunter le chemin goudronné à droite et passer Montmirail *(vues sur le château de Pitron)*. Descendre vers l'église de Riguepeu, puis suivre la D 34 à gauche et traverser Riguepeu.

À DÉCOUVRIR...

> En chemin :
• panoramas et vues sur Saint-Araillles
• forêt domaniale de Montpellier : chêne du Juge

> Dans la région :
• Vic-Fezensac : arènes, église
• Montesquiou et Mirande : bastides
• Lupiac : centre d'Artagnan

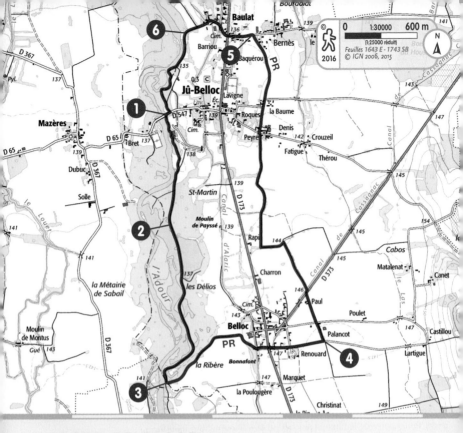

FAUNE ET FLORE
JÛ-BELLOC

FLEUR MÂLE DE SAULE / PHOTO ARBRE ET PAYSAGE 32.

Sur un ancien site d'extraction de granulats, un espace naturel protégé est né sur la commune de Jû-Belloc. Un inventaire floristique a permis d'identifier différentes communautés végétales : une végétation aquatique à renoncules sur le lit mineur de l'Adour, plusieurs herbiers, des ceintures herbacées à Phalaris (tyran d'Agrigente, 570-554 av. J.-C. qui, dit-on, faisait brûler ses victimes dans un taureau d'airain). Là où elles n'ont pas été exploitées pour l'extraction de granulats, les rives de l'Adour sont restées sauvages avec leurs plages de graviers, leurs bras morts et leurs saligues. Végétation de berges et de milieux humides, les saligues (*salix* = saule) sont des associations arborées typiques des rives de l'Adour. Saules, aulnes glutineux, chênes pédonculés, peupliers complètent cette grande richesse floristique. Notons également la présence de la tortue cistude.

Le **Grand Gambadour**

FACILE

2H40 • 8KM

Suivant tout d'abord la direction du méridien de Greenwich et traversant la réserve volontaire, l'itinéraire passe par le village de Belloc et revient par Baulat *(site riche en patrimoine moulins et lavoirs)*.

1 Prendre le chemin qui longe les berges de l'Adour *(site naturel)* et passer derrière les bâtiments de l'Azinerie. *On est sur le méridien de Greenwich.*

AUBÉPINE / DESSIN N.L.

S SITUATION
Jû-Belloc, à 5 km au sud-ouest de Plaisance par les D 373 et route de Jû-Belloc

P PARKING
à l'est du pont de pierre

/ DÉNIVELÉE
altitude mini et maxi

147 m
131 m

B BALISAGE
jaune (PR 1)

! DIFFICULTÉS !
traversée de la D 173 entre **3** et **4** puis de la D 373 entre **4** et **5** et de la D 173 entre **5** et **6** (routes dangereuses)

V CIRCUIT VTT

E CHEMIN ÉQUESTRE

2 Contourner le lac par la gauche *(cabane d'observation des oiseaux « Les Delios »)* et poursuivre par le sentier sur 1,5 km.

3 Virer à gauche sur le chemin bordé de peupliers. Il mène à Belloc. Avant le village, le chemin oblique à droite et franchit un petit pont *(lavoir et à 50 m à gauche le long du canal Alaric : porte médiévale)*. Traverser la D 173 et prendre la petite route en face sur 400 m.

4 S'engager sur le sentier à gauche, couper la route puis traverser la D 373 et continuer par le sentier sur 1,5 km. À Peyré, prendre la route en face et poursuivre tout droit sur 800 m.

5 Au carrefour, prendre la route à gauche, traverser la D 173 et passer le moulin de Baulat *(en restauration)* sur le canal Alaric.

6 Continuer à gauche par le chemin qui longe l'Adour *(chemin aménagé de petits ponts de bois)* et rejoindre le pont de pierre de Jû-Belloc.

À DÉCOUVRIR...

> En chemin :
• Jû-Belloc : pont de pierre, lavoir, moulin
• Espace naturel protégé de Jû-Belloc avec panneaux d'interprétation sur la flore et la faune
• Belloc : ancienne porte médiévale, lavoir
• moulin de Baulat, site de découverte des moulins en rivière basse
• Azinerie : possibilité de balades avec ânes

> Dans la région :
• Marciac et Plaisance : bastides, lacs
• Bassoues : donjon, bastide

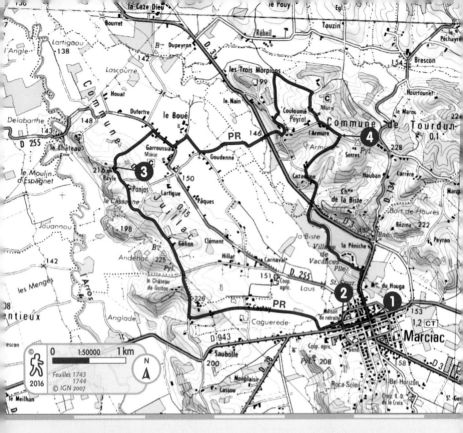

TRADITION

« JAZZ IN MARCIAC »

Bastide fondée à la fin du XIIIᵉ siècle, Marciac a conservé son caractère médiéval avec sa place à arcades dépourvue de sa halle, son clocher (90 m) qui serait le plus haut de la région. Chaque année, la première quinzaine du mois d'août, la bastide accueille des dizaine de milliers de visiteurs, passionnés de musique, réunis pour un festival unique : *Jazz in Marciac*. Nombre de musiciens français et étrangers sont venus à Marciac : Lionel Hampton, Dizzy Gillespie, Stan Getz, Oscar Peterson, le Modern Jazz Quartet, Stephane Grapelli, Michel Petrucciani, Nina Simone pour n'en citer que quelques-uns. Tout au long de l'année, vous pouvez retrouver cette atmosphère en assistant aux concerts d'hiver et en visitant le « territoire du Jazz ».

TROMPETTE / DESSIN N.L.

Les **coteaux** de **Marciac**

PR® 19

MOYEN

3H45 • 13KM

De nombreux chemins de crêtes dévoilent tour à tour Marciac et ses deux clochers sous différents angles. À travers des paysages variés et enchanteurs, les vallons se dessinent…

1 Prendre à gauche et, au niveau de la place, tourner à droite sous les arcades. Continuer par la rue Saint-Pierre, puis suivre à droite le chemin de ronde sur 50 m.

2 Emprunter à gauche la rue des Lilas jusqu'à l'ancien lavoir, puis longer les peupliers à droite. Franchir le ruisseau sur la passerelle, passer le lac d'irrigation et suivre le chemin jusqu'aux maisons. Monter tout droit vers le coteau et dépasser la ferme. Emprunter la petite route à droite sur 2,5 km *(elle domine la vallée du Bouès et de l'Arros)*.

3 Au lieu-dit Bayle, prendre à droite le chemin de terre qui descend. Tourner à droite sur la D 255 *(village de Juillac)* ; 350 m après, prendre la voie goudronnée à gauche et s'engager à droite sur le chemin. Franchir un premier ruisseau, puis un autre et traverser la D 3 *(prudence !)*. Suivre en face un sentier, puis reprendre la route à gauche sur 250 m *(en laissant à droite le village de Tourdun)*. Au lieu-dit Talabere, descendre par le chemin pour remonter ensuite à droite jusqu'à la route. La suivre à droite ; après la mairie, utiliser la route de crête à gauche sur 350 m.

4 Face au centre de remise en forme *Acunca*, descendre par le chemin à droite, bifurquer à gauche et rejoindre le lac de Marciac. Traverser la D 3 *(prudence !)* et longer le lac, emprunter le chemin piétonnier (parallèle à la D 3) qui relie le lac au centre de la bastide de Marciac.

MARCIAC / PHOTO J.T.

S SITUATION
Marciac, à 53 km au sud-ouest d'Auch par les D 943 et D 102

P PARKING
statue de Winton Marsalis

/ DÉNIVELÉE
altitude mini et maxi

222 m

136 m

B BALISAGE
jaune (PR 1)

! DIFFICULTÉS !
D 3 entre **3** et **4** et entre **4** et **1**

V CIRCUIT VTT

E CHEMIN ÉQUESTRE

À DÉCOUVRIR...

> En chemin :
• Marciac : bastide XIIIe située sur le chemin de Saint-Jacques-de-Compostelle, chemin de ronde, ancien lavoir, festival de jazz, lac aménagé et équipé, activités nautiques
• Tourdun et Juillac : villages
• Vignes de Plaimont

> Dans la région :
• Plaisance : bastide XIVe, lac
• Bassoues : donjon, bastide
• Jû-Belloc : espace naturel protégé
• Tillac : castelnau

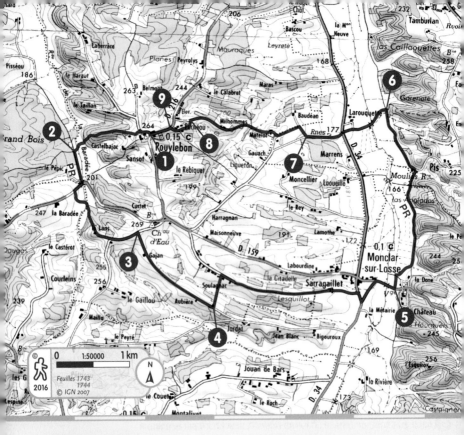

HISTOIRE
LA VOIE D'ARLES

Venant d'Arles, souvent de plus loin, les pèlerins de Saint-Jacques passaient par Toulouse, Auch et faisaient provision de forces avant de franchir les Pyrénées au col du Somport. Il faut noter l'originalité de cet itinéraire séparé des autres voies qui, elles, se regroupent à Ostabat pour, ensemble, franchir le col de Roncevaux. Certes ils n'ont pas toujours les attributs traditionnels du « jacquaire » (coquille, bourdon, besace), mais nombreux sont ceux qui, de nos jours, s'imposent ce long voyage, parfois à la rencontre d'eux-mêmes car le « vrai pèlerinage est intérieur ». Dans le Guide du Pèlerin, au XIIe siècle, Aymeri Picaud écrivait : « les Gascons sont bavards, gourmands, remarquables par leur hospitalité ». Rassurons le marcheur moderne : il en est encore ainsi aujourd'hui !

COQUILLE SAINT-JACQUES / DESSIN P.R.

Sur le **chemin** de **Saint-Jacques**

Sur les traces des pèlerins de Saint-Jacques-de-Compostelle venant d'Arles et allant au Somport, le marcheur découvre une campagne riche et diverse, à travers les sites de Pouylebon et Monclar-sur-l'Osse.

1 Avant l'église, prendre la route à droite, la petite route à gauche sur 50 m, puis le sentier à droite. Traverser le petit bois, descendre une pente raide *(bien suivre le balisage)* et continuer dans le pré. Longer une haie, franchir le ruisseau, couper à travers champs et atteindre une croisée de chemins.

2 Prendre le chemin à gauche, la D 159 à droite sur 200 m, puis s'engager sur le sentier à gauche. Passer le gué sur le ruisseau, continuer à droite, monter, bifurquer à gauche, traverser le bois et atteindre la ferme du Lans *(respecter la clôture électrique, attention aux chevaux)*. La contourner, puis emprunter la petite route à gauche sur 300 m.

3 Au croisement, emprunter la route de Gajan à droite, continuer par le sentier, passer Aubière, puis poursuivre par la route.

4 Après une maison, descendre par le chemin à gauche le long d'un bois, franchir le vallon et remonter en face. Prendre la route à droite et poursuivre par le chemin puis la route sur 1,5 km. Emprunter la D 34 à droite, puis la route à gauche sur 400 m, et la D 159 à droite vers le château de Monclar.

5 Après le petit pont, s'engager à gauche sur le sentier bordé de peupliers. Il vire à droite et longe un pré. Passer dans la cour d'une ferme et continuer à gauche au pied du coteau, à travers des prés, sur 1 km. Aux maisons de Pis, poursuivre à gauche et atteindre une intersection.

6 Tourner à gauche, passer le pont et poursuivre tout droit. Traverser la D 34 et continuer par la route en face sur 500 m.

7 Partir à droite vers Baudéan, puis s'engager à gauche sur le sentier bordé de haies. Après une partie empierrée, virer à droite, descendre en sous-bois et traverser le ruisseau. Au niveau du petit lac, tourner à droite et poursuivre par la route.

8 Au niveau d'un bosquet, monter à gauche puis déboucher sur la D 216.

9 La prendre à gauche et retrouver Pouylebon.

S SITUATION
Pouylebon, à 35 km au sud-ouest d'Auch par les N 21, D 159 et D 216

P PARKING
salle des fêtes

/ DÉNIVELÉE
altitude mini et maxi

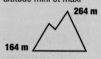
264 m

164 m

B BALISAGE
jaune (PR 1)

V CIRCUIT VTT

E CHEMIN ÉQUESTRE

À DÉCOUVRIR...

> En chemin :
• Pouylebon : église
• chemin de Saint-Jacques (voie d'Arles)
• moulins
• Monclar-sur-l'Osse : village et château, points de vue

> Dans la région :
• Marciac et Plaisance : bastides, lacs
• Bassoues : donjon, bastide
• Jû-Belloc : réserve naturelle

Auch

N
0   100 m

D 924 vers N 124 pour Mont-de-Marsan

Place de l'Ancien Foirail

Place Dastros

ROQUELAURE

BOULEVARD

RUE

DE

LORRAINE

rue   Arago

rue   de   Juillan

rue   Dralet

rue   Dupont-de-l'Eure

r. Béranger

Allées d'Étigny

Allée

Baylac

Gare routière

Banque de France

Bazillac

r. Bara

r. Henri- Martin

RUE   DE   LORRAINE

RUE

Place David

rue   Aucoin

rue   Masse

Pagodeoutes

Musée de la Résistance

GAMBETTA

RUE

GAMBETTA

du

Pouy

r. Championnet

rue   Mirabeau

r. des   Grazes

P

r. Guynemer

r. Chénier

rue   du   4-Septembre

RUE   DU   Dr   SALAMENS

Place Denfert-Rochereau

rue   Desmoulins

Maison de Gascogne

Salle et Cloître des Cordeliers

7

6

Poste (ancien Hôtel de l'Intendance)

rue   Mazagran

RUE

rue   de   Bazeilles

Dessoles

Église St-Orens

Place Ledru-Rollin

Bleus

Daumesnil

r. Diderot

8

Tour Romaine

rue   des   Pénitents-

Héricourt

9

10

Musée des Jacobins

r. Bregait

Hôtel de Ville Théâtre

Place de la Libération

rue   de   la   République

r. Porte-Neuve

Office de Tourisme

i

1

rue   Lamartine

rue   Salleneuve

Halle aux Herbes

11

Place Puits-de-Mothe

Hôtel d'Astorg

rue   Baudin

Place Louis-Blanc

RUE   D'ÉTIGNY

5

Ancienne Chapelle des Carmélites

Place Salluste-du-Bartas

rue   d'Artagnan

Place de la République

2

rue   A. de Moles

Place Betclar

Police

rue   Laborde

Cathédrale Ste-Marie

Préfecture

Tour d'Armagnac

Charras

r. Villersexel

r. Bapaume

SADI-   CARNOT

Place des Carmélites

Alem

rue   Espagne

rue   Bonnail

3

Place Salinis

Ancien Hôpital St-Jacques

rue   Désirat

Place Garibaldi

St-Jacques

Maison Henri-IV

rue   de   Vairy

rue   Rousseau

rue   de   Florence

rue   Édouard-   Lartet

Chapelle de l'ancien Collège des Jésuites

4

Escalier monumental

rue   Fabre-   d'Églantine

Porte d'Arton

rue   Pousterle

Pousterle   Vieille

r. Arexy

rue   Montebello

Pousterle   de l'Est

BOULEVARD   SADI-   CARNOT

Passerelle St-Pierre

Place Barbès

Place du Caillou

rue   Caumont

rue   Raspail

Pousterle   de Paris

les   Pousterles

Pousterle   Oumettos

rue   Convention

Pousterle   Couloumats

Gers

RUE   DE   METZ

rue   Turgot

rue   Buzental

rue   de   Son Tay

rue   Raspail

rue   Caumont

École du Pont National

Place du 14-Juillet

rue   du   Pont-National

rue   du   14-Juillet

rue   Lagarrasic

Boulodrome

Pont de Lagarrasic

École

rue   Barbantègre

P

N 21 pour Tarbes

Le **centre historique** d'**Auch**

Véritable randonnée dans la ville par son côté sinueux et pentu, cette boucle (pouvant être divisée en deux circuits) est un livre d'histoire agréablement ouvert à tous.

> **> Une brochure détaillée des deux circuits est disponible à l'office de tourisme.**

Premier circuit :

De l'**office de tourisme** (maison XVᵉ) **❶**, se diriger vers la **cathédrale Sainte-Marie** (XVᵉ-XVIIᵉ) **❷**, puis prendre à droite la rue Laborde avec la **colonne Napoléon** et arriver place Salinis *(c'est l'archevêque Mgr de Salinis qui a fait aménager vers 1863 cette place).*

Poursuivre vers la **tour d'Armagnac ❸** *(40 m de haut, elle a été bâtie au XIVᵉ pour servir de prison).* Descendre l'**escalier monumental** *(achevé en 1853, il relie la ville historique à la ville nouvelle ; sur le premier palier : l'Observatoire du Temps, sculpture contemporaine de l'artiste catalan Jaume Plensa ; plus bas, la statue de d'Artagnan, capitaine des mousquetaires du Roi, né au château de Castelmore à Lupiac).*

Au niveau du premier palier de l'escalier, continuer vers la **porte d'Arton ❹** *(ancienne porte de la ville qui s'ouvrait dans l'enceinte des remparts ; de celle-ci partaient les pousterles, ruelles médiévales à forte pente, coupées de gradins plongeant en direction du Gers).*
Suivre la **rue de la Convention**, descendre à gauche.

Plus loin, emprunter à droite la rue Espagne *(sur la place Garibaldi située en contrebas, se trouve l'ancien hôpital Saint-Jacques)* et franchir la porte de ville *(au n° 22 rue Espagne, maison d'Henri IV et rue Édouard-Lartet, chapelle de l'ancien collège des Jésuites).*

Prendre à gauche la rue de Valmy et arriver sur la **place des Carmélites** *(croix en fer forgé)* puis sur la **place Salluste-du-Bartas ❺** *(statue du poète né en 1544 à Monfort dans le Gers, bibliothèque municipale et musicothèque, ancienne chapelle des Carmélites XVIIᵉ).*
Suivre la rue de la République et revenir à l'**office de tourisme ❶**.

Second circuit :

De l'**office de tourisme ❶**, prendre la rue Porte-Neuve *(ancienne porte de l'enceinte médiévale fortifiée)* et accéder à la **place de la Libération ❻** *(agrémentée d'un jet d'eau au centre ; en face, l'hôtel de ville, construit en 1777 renferme un théâtre à l'italienne ; sur l'escalier, statue de l'intendant d'Étigny, sculptée par Pierre Vignan).*

S **SITUATION**
Auch

P **PARKING**
office du tourisme

B **BALISAGE**
panneaux descriptifs et indicatifs (brochure détaillée disponible à l'office de tourisme)

À DÉCOUVRIR...

> **En chemin :**
• cathédrale, tour d'Armagnac, escalier monumental, porte d'Arton, pousterles, allées d'Étigny, maison de Gascogne, hôtels particuliers, tour de César, musée des Jacobins

> **Dans la région :**
• Auch : berges du Gers, jardin public Ortholan, parc sylvestre du Couloumé, bois d'Auch, parc de l'Hôtel-du-Département
• Les 12 communes du Grand Auch, et particulièrement : Montaut-les-Créneaux, Castelnau-Barbarens, Pavie

Se diriger vers les allées d'Étigny *(qui aboutissent au palais de justice)* et, au bas de l'escalier, vers la **salle des Cordeliers**, avancer vers la **maison de Gascogne** **7** *(ancienne halle aux grains)*. Longer le bâtiment sur la droite pour découvrir le **cloître des Cordeliers** *(non accessible)*.

Contourner la **poste** *(ancien hôtel de l'Intendance)* en descendant, emprunter la rue Mazagran et arriver dans la rue **Dessoles** *(piétonne)*. La suivre à gauche vers les **hôtels particuliers** XVIIe-XVIIIe *(parmi lesquels, au n° 40, l'hôtel d'Astorg, siège du presbytère de la cathédrale)*.

MAISON DU XVe SIÈCLE / PHOTO OT D'AUCH.

Emprunter la rue de Bazeilles à gauche et se diriger vers l'**église Saint-Orens** **8** *(du nom d'un des premiers évêques d'Auch (396-446), construite en 1825)*. En face, sur la place Ledru-Rollin, emprunter la rue des Pénitents-Bleus à droite, où s'élève la **tour Romaine** **9**, dite tour de César.

Prendre la rue Héricourt à gauche et déboucher face au **musée des Jacobins** **10** *(situé dans l'ancien couvent des dominicains construit en 1386)*. Par la rue Baudin à droite, rejoindre la **halle aux Herbes** **11** *(aux légumes, XVIIIe)*. Contourner la halle par la gauche, passer devant la **préfecture** *(ancienne résidence des archevêques)* et retrouver la rue Dessoles. Revenir à gauche à l'**office de tourisme**.

POUSTERLES / PHOTO CAUE.

CATHÉDRALE SAINTE-MARIE D'AUCH / PHOTO J.T.

ENVIRONNEMENT
LES BERGES DU GERS

La rivière « Gers » sépare la ville d'Auch en deux : la haute ville, centre historique ancien, surplombe la basse ville, plus récente et commerçante, du haut d'un coteau de 40 mètres. Le nouveau parcours sur les berges déroule le ruban d'une allée-promenade largement arborée agrémenté de panneaux sur la flore et la faune.

VUE SUR LA VIEILLE VILLE / PHOTO J.T.

Les cinq hectares du parc du Couloumé offrent 420 arbres d'essences différentes dont le nom est indiqué discrètement. Cette végétation participe activement au bon fonctionnement et à la qualité du milieu aquatique. Tout au long du parcours, le promeneur profite d'une vue sur la « vieille ville ».

HISTOIRE
D'ARTAGNAN

Charles de Batz de Castelmore naît à Lupiac (Gers) vers 1610. Ce « cadet » de Gascogne arrive à Paris vers 1630 et entre dans le corps d'élite formant « les Mousquetaires de la garde du Roy ». Il assure le commandement effectif de la première compagnie de 1658 jusqu'à sa mort à Maastricht le 25 juin 1673. Homme de guerre, fidèle à servir la couronne de France avec courage, il a su s'attirer la confiance du jeune Louis XIV qu'il accompagne dans un voyage à travers la France avant son mariage à Saint-Jean-de-Luz. Il est présent aux sièges d'Armentières, de Tournai, de Douai et de Lille à la tête d'un corps d'armée de cinq escadrons dont fait partie sa compagnie. Homme de son siècle, d'Artagnan menait un grand train de vie comme l'exigeait Louis XIV. Nommé en 1672 gouverneur de Lille, il doit assurer une tâche considérable et nouvelle pour lui. Après la déclaration de guerre de Louis XIV à la Hollande, les hostilités amènent d'Artagnan, alors maréchal de France, devant Maastricht. Dans la nuit du 24 au 25 juin 1673, un combat acharné assure aux Français la possession d'ouvrages fortifiés. D'Artagnan, s'exposant constamment au feu ennemi pour défendre les positions, est tué le 25 juin au matin d'un coup de mousquet à la tête. Il restait à faire entrer dans la légende le mousquetaire du Roi. Courtils de Sandras, puis Alexandre Dumas par leurs écrits firent renaître le héros dans leurs romans de cape et d'épée.

Source : *Le Gers : Dictionnaire biographique de la Société archéologique du Gers*

STATUE DE D'ARTAGNAN / PHOTO CDTL.

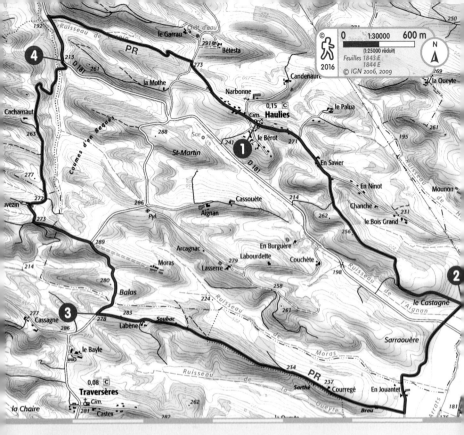

TRADITION

LE GAVAGE DES OIES ET DES CANARDS

OIES GRISES / PHOTO J.T.

Dans l'Égypte ancienne, le gavage des oies était déjà une pratique née de l'observation du comportement des bêtes, qui, avant la migration, se constituaient naturellement des réserves de graisse. Le Gers a perpétué cette tradition, nourrissant de maïs blanc ses oies grises et ses canards. Très prisé durant les fêtes de fin d'année, un nouveau produit est né : le canard gavé aux figues. On renoue ainsi avec la tradition ancestrale : le mot « foie » ne vient-il pas de « figue » !

Les **coteaux** d'**Arcagnac**

Cet itinéraire propose aux randonneurs un panorama sur la chaine des Pyrénées.

S **SITUATION**
Haulies, à 15 km au sud-est d'Auch par la D 929 puis la D 181

P **PARKING**
église

/ **DÉNIVELÉE**
altitude mini et maxi

283 m

178 m

B **BALISAGE**
jaune (PR 10)

V **CIRCUIT VTT**

BLAIREAU / DESSIN P.R.

1 Depuis le parking, prendre la route goudronnée qui passe devant la mairie et continuer sur 700 m. Prendre à droite la piste herbeuse, continuer sur la ligne de crête et rejoindre le chemin qui suit la vallée de l'Arratz.

2 Tourner à droite, traverser la D 181 et poursuivre en face sur le chemin. Passer un gué, traverser le hameau d'En Jouantet et, 150 m après, s'engager à droite sur une piste qui monte sur le coteau. Passer devant plusieurs bâtiments en ruine. Poursuivre tout droit sur la ligne de crête, traverser un bois et rejoindre la route goudronnée.

3 Virer à droite et emprunter la route goudronnée sur 700 m. Passer un premier carrefour. Au deuxième carrefour, à la croix, prendre la route de gauche et la suivre jusqu'au lieu-dit Mauvezin. Prendre à droite entre les bâtiments et suivre le chemin de terre qui serpente dans le coteau. Rejoindre la D 181.

4 L'emprunter à gauche sur 500 m. Tourner à droite dans le chemin de terre qui monte. Poursuivre tout droit en longeant le bois et rejoindre la route goudronnée en haut du coteau. La traverser et prendre en face le chemin herbeux. À la route, prendre à gauche et rejoindre le point de départ.

À DÉCOUVRIR...

> **En chemin :**
• Pyrénées : points de vue
• église rurale
• ruines du château d'Arcagnac (commune absorbée en 1824)

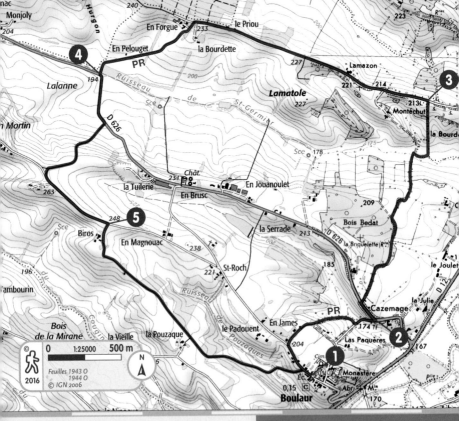

HISTOIRE

ABBAYE SAINTE-MARIE

Cet établissement monastique fut fondé au XIIᵉ siècle par la veuve du comte d'Astarac. Il abrita des religieuses de Fontevraud pendant plusieurs siècles, depuis sa fondation jusqu'au début du XXᵉ siècle, c'est-à-dire au moment de la séparation entre l'Église et l'État.

Ensuite, jusqu'en 1949, quelques rares religieuses d'ordres différents vivotèrent en donnant quelques leçons particulières. Au début de la Seconde Guerre mondiale, la bâtisse fut restaurée pour accueillir un institut médico-pédagogique alsacien. Cinq ans après la Libération, une communauté de cisterciennes s'installa à demeure.

BÂTIMENT PRINCIPAL DE L'ABBAYE / PHOTO CAUE

Le **chemin** du **Pèlerin**

Grâce à cette randonnée, visitez l'abbaye Sainte-Marie et venez découvrir une petite exploitation, avec la vente de produits.

1 Depuis la mairie, s'engager sur la voie communale vers l'ouest, sur 500 m, tourner à droite sur le chemin goudronné puis en terre, qui descend vers la D 626.

2 Au croisement, emprunter la route à gauche sur 200 m, prendre à droite jusqu'au bois du Bédat. À la sortie du bois, descendre vers le ruisseau de Saint-Germier, sur 500m et remonter pour atteindre une voie communale.

3 Tourner à gauche et emprunter la route des crêtes sur 3 km et déboucher sur la D 626.

4 Prendre à gauche la route sur 500 m, puis s'engager à droite sur un sentier sur 750 m. Tourner à gauche et continuer tout droit sur 700 m.

5 Bifurquer à droite en direction de Biros. Après les bâtiments, prendre le sentier à gauche et poursuivre le chemin de terre sur 2 km, jusqu' au point de départ.

FACILE

2H30 • 8,5KM

S **SITUATION**
Boulaur, à 14 km au sud-ouest de Gimont par la D 12

P **PARKING**
mairie

/ **DÉNIVELÉE**
altitude mini et maxi

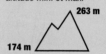

263 m

174 m

B **BALISAGE**
jaune (PR 1)

V **CIRCUIT VTT**

À DÉCOUVRIR...

> **En chemin :**
• Gimont : Bastide, halle du XIVe, église Notre-Dame XIVe, tour des évesqueries, abbaye de Planselve, chapelle Saint-Jean, chapelle de Cahuzac

CHÊNE PUBESCENT /
DESSIN P.R.

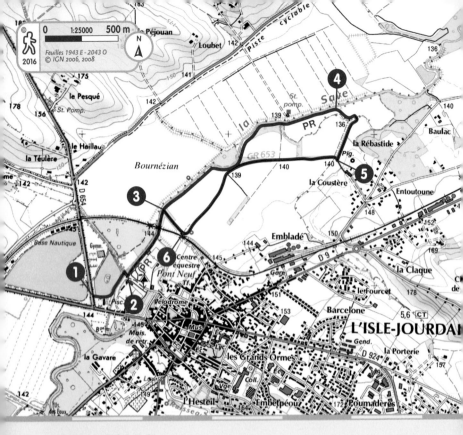

PATRIMOINE

L'ISLE-JOURDAIN

L'Isle-Jourdain, ancienne *Buconis* de l'itinéraire romain de Bordeaux à Jérusalem, est au Moyen Âge le fief d'une puissante famille dont un des fils fut baptisé dans le Jourdain. L'Isle-Jourdain garde la tradition de la culture qu'a toujours permise l'ampleur de la vallée. Ici, pas d'usine, pas de grosse agglomération, mais des sentiers paisibles, dont un, ornithologique, est choisi pour la richesse et la diversité des oiseaux. Chardonnerets, coucous, martins-pêcheurs, oies, geais, canards colverts y nichent toute l'année.

PIGEONNIER / PHOTO CDTL.

Chemin de L'Isla de Baish

TRÈS FACILE

1H40 • 5KM

BROCHET / DESSIN P.R.

L'Isla de Baish, c'est L'Isle-d'en-Bas (Isle-Jourdain), en aval, par opposition à L'Isla-de-Haut (L'Isle-en-Dodon), en amont, sur la rivière Save. Ce sentier arboré résonne du chant du loriot, de la mésange et du rossignol.

① Devant le panneau de départ, prendre en face le GR® 653, contourner le lac et franchir le pont Tourné *(XIIᵉ siècle)*.

② Tourner à gauche, suivre la rive et longer le camping puis le terrain de rugby. Passer sur le pont de bois puis sous le pont du chemin de fer *(construit à l'époque du célèbre ingénieur Eiffel)* et arriver à une intersection.

③ Continuer tout droit en gardant la Save à main gauche et atteindre le site ornithologique *(des nichoirs y sont discrètement posés)*. Poursuivre tout droit au-delà du panneau signalant la fin du sentier des berges de la Save et longer le pré qui borde la Save.

④ Au panneau, virer à droite, puis arriver devant le pigeonnier de la Coustère *(pigeonnier traditionnel gascon monté sur des piliers ou arcades et qui possède une lanterne et une lucarne d'envol)*.

⑤ Prendre le chemin de Saint-Jacques-de-Compostelle à droite.

⑥ Avant le pont du chemin de fer, tourner à droite pour rejoindre les bords de la Save et retrouver l'intersection de l'aller.

③ Par l'itinéraire suivi au début, regagner l'office de tourisme.

SOUBREJOUG, MUSÉE CAMPANAIRE / PHOTO CONSEIL DÉPARTEMENTAL

S SITUATION
L'Isle-Jourdain, à 40 km à l'est d'Auch par la N 124

P PARKING
office de tourisme

/ DÉNIVELÉE
altitude mini et maxi

140 m

140 m

B BALISAGE
jaune (PR 1)

V CIRCUIT VTT

À DÉCOUVRIR...

> **En chemin :**
• lac
• pont Tourné XIIᵉ
• rives de la Save
• site ornithologique
• pigeonnier

> **Dans la région :**
• L'Isle-Jourdain : musée d'art campanaire ; maison Claude Augé (père du Petit Larousse illustré)
• Samatan : marché au Gras, église XIXᵉ, collection de « jouquillons »
• Lombez : cathédrale Sainte-Marie
• Simorre : église fortifiée

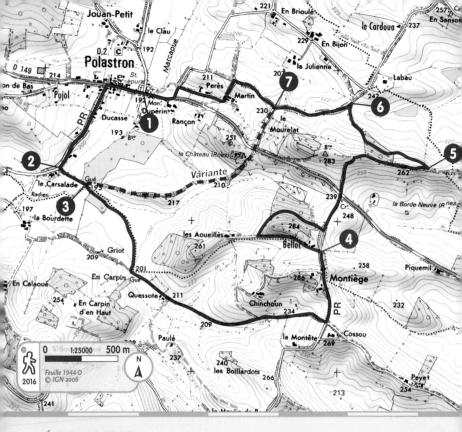

ÉCONOMIE
LE MARCHÉ DE SAMATAN

MARCHÉ DE SAMATAN / PHOTOS J.T.

Chaque lundi, le village s'anime : la halle accueille les volailles, « sur pied », les oies et les canards gras plumés et vidés. La place centrale, toute proche, offre les facettes du commerce traditionnel. S'y côtoient tous les âges et tous les milieux. Le touriste apprécie cette foule bigarrée, le « parlé » gascon, ce grand marché de plein vent où le forain interpelle le chaland. Une énorme affluence témoigne du pittoresque et de l'authenticité de ce marché.

L'École buissonnière

Dans un paysage de bois et de prés où le chevreuil est roi, le marcheur attentif et silencieux découvrira l'école de la nature.

1 Se diriger vers le centre du village par la D 149. Peu avant le garage, prendre la route à gauche en direction de Saint-Martin sur 600 m.

2 Au calvaire de Carsalade, s'engager sur le sentier à gauche et franchir le gué de Marcaoue.

> Variante *(circuit complet de 3,5 km)* : bifurquer sur le chemin à gauche ; il monte, coupe la D 149, laisse un chemin à gauche et retrouve le circuit principal *(repère 7)*.

3 Au gué de la Marcaoue, prendre à droite le sentier qui longe ce ruisseau sur 900 m. Franchir à nouveau le ruisseau pour accéder à gauche, à un chemin de terre. Passer une maison et poursuivre tout droit sur 1,5 km. Emprunter la route à gauche et passer devant la ferme de Montiège. Continuer sur 150 m.

4 Tourner à gauche, dépasser le bosquet, puis virer à droite en lisière pour en faire le tour *(vue sur Polastron)*. Retrouver la route et la prendre à gauche. Traverser la D 149 et poursuivre par le sentier en face. Au niveau du bois, le chemin longe la crête.

5 Effectuer un virage en épingle vers la gauche puis arriver à une intersection de chemins.

6 Se diriger à gauche et atteindre un croisement.

7 Laisser le chemin à gauche et obliquer à droite. Virer à gauche pour passer Martin puis à droite pour longer Perès. Poursuivre sur 150 m, puis descendre à gauche et emprunter la D 149 à droite. Rejoindre l'aire de pique-nique et le point de départ.

TOURNESOL / DESSIN N.L.

SITUATION
Polastron, à 38 km au sud-est d'Auch par les D 626, D 349 et D 149

PARKING
église

DÉNIVELÉE
altitude mini et maxi

280 m

192 m

BALISAGE
jaune

DIFFICULTÉS !
• gué entre **2** et **3** puis **3** et **4**
• traversée de la D 149 entre **4** et **5**

CIRCUIT VTT

CHEMIN EQUESTRE

À DÉCOUVRIR...

> **En chemin :**
• village
• points de vue et panorama
• ensemble paysager

> **Dans la région :**
• Samatan : marché au Gras, église XIXe, collection de « jouquillons », Masseube
• Lombez : cathédrale Sainte-Marie
• Saramon : abbaye cistercienne de Boulaur
• Simorre : église fortifiée

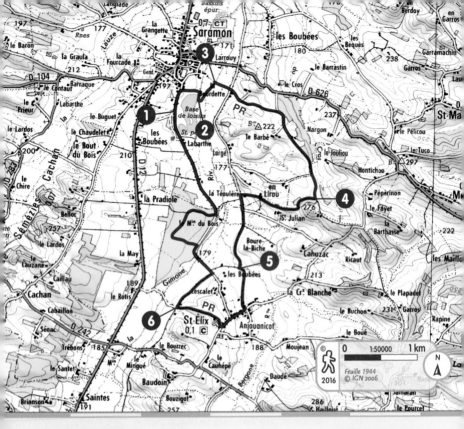

LA FÊTE DE LA SAINT-VICTOR

Saramon s'anime chaque année à la même date pour fêter les patrons du village : saint Victor et sainte Couronne, martyrs chrétiens du IIIe siècle.

La Saint-Victor est une manifestation à la fois religieuse et folklorique où la procession, précédée d'un étendard et de bustes-reliquaires, s'accompagne d'un rituel de coups de fusils. La fête s'achève par la « *heiro de la sen bitou* » (la foire de la Saint-Victor) appelée aussi foire aux magrets : des centaines de kilos de filets de canards sont dégustés sur la place du village dans une ambiance amicale de franche gaieté.

MONASTÈRE CISTERCIEN DE BOULAUR / PHOTO J.T.

En **passant** par **Saint-Élix**

Quittez la base de loisirs de Saramon pour découvrir les deux versants de la Gimone, le pittoresque village de Saint-Élix, et des points de vue sur la campagne environnante.

1 Partir à gauche, en direction de Saramon. Passer à droite près du lac et le contourner.

2 À mi-hauteur du lac, franchir à gauche la Gimone sur une passerelle. Virer à gauche et longer la Gimone dans un pré. Continuer à droite au niveau de la petite écluse puis à gauche et suivre à nouveau la rivière.

LIÈVRE / DESSIN P.R.

3 Prendre le sentier à droite, traverser la route, continuer en face et monter par le sentier. Emprunter la route à droite en direction de Ponsarnot *(vue panoramique)*. Continuer par le sentier sur 1 km.

4 Au niveau d'un bosquet, tourner à droite et atteindre une ferme. La traverser et descendre par le chemin empierré. Prendre la route à gauche sur 300 m puis, dans le virage, poursuivre par le chemin empierré qui devient un chemin de terre. Franchir le pont.

5 Suivre le sentier à gauche et gagner Saint-Élix. Face à la mairie, prendre la route à droite. Au monument aux morts, tourner à droite puis, avant l'église, bifurquer à droite et descendre par le sentier sur 500 m.

6 Dans la vallée, se diriger à droite vers une grange et continuer par le sentier. Emprunter la route à gauche sur 300 m, passer le pont et, dans le virage, entrer à gauche dans le bois de Larrouy. Le circuit tourne deux fois à droite *(bien suivre le balisage)* et sort du bois. Prendre la route à gauche et retrouver le lac.

S **SITUATION**
Saramon, à 27 km au sud-est d'Auch par la D 626

P **PARKING**
base de loisirs

/ **DÉNIVELÉE**
altitude mini et maxi

225 m

179 m

B **BALISAGE**
jaune

V **CIRCUIT VTT**

À DÉCOUVRIR...

> **En chemin :**
• petite écluse XIXe
• vue sur Saramon et ses alentours
• Saint-Élix : église
• vue sur le monastère de Boulaur
• bois de Larrouy

> **Dans la région :**
• Saramon : abbaye cistercienne de Boulaur
• Samatan : marché au Gras, église XIXe, collection de « jouquillons », Masseube
• Lombez : cathédrale Sainte-Marie
• Simorre : église fortifiée

LES CABANES DE VIGNES

Elles sont apparues au début du XIXe siècle et furent implantées en milieu, ou en bordure, de vignes éloignées des fermes. Elles évitaient ainsi de nombreux déplacements. Dans ces cabanes étaient stockés, en permanence, le matériel et l'outillage du vigneron. Celui-ci s'y abritait, y prenait le déjeuner sorti de sa musette, y réparait ses outils et préparait la bouillie bordelaise. Leur conception est simple : carrées ou rectangulaires, de dimensions plutôt réduites, au sol en terre battue, dépourvues d'électricité et au mobilier fort sommaire. Elles furent construites par leurs propriétaires. L'eau pouvait être puisée dans une mare de proximité, à défaut dans un grand trou. Certaines cabanes de vignes possédaient une petite cheminée près de laquelle le vigneron pouvait se réconforter. Un arbre, généralement fruitier, jouxtait la bâtisse et fournissait de l'ombre. Quelques cabanes possédaient un grenier (fenil) afin d'entreposer du foin pour les bêtes amenées à la vigne (bœuf, âne, cheval). Les murs étaient, à l'origine, en

CABANE DE VIGNES / PHOTO A.A.

torchis. On pouvait y intégrer quelques moellons ramassés sur place. Mais l'utilisation de l'adobe (brique en terre crue séchée au soleil) allait se généraliser. En Lomagne, la pierre de taille fut joliment employée. En pays gersois, les charpentes présentaient, le plus souvent, un toit à deux pentes. Les cabanes de vignes étaient dotées de nombreux accessoires utiles : anneaux d'attache pour l'animal, barres de fixation ancrées dans les murs, étagères, banc, « fenestrou »… Il était agréable aux propriétaires d'y amener, le dimanche, famille et amis pour de réjouissants pique-nique. La motorisation a signé l'abandon progressif de cet attachant patrimoine vernaculaire dont une partie fut même saccagée. Des matériaux furent toutefois récupérés et réemployés. Quelques nostalgiques de ces « témoins d'un labeur rural d'autrefois » continuent à les entretenir, les restaurent ou même les réhabilitent (abris pour randonneurs, gîte…).

GÉOGRAPHIE
L'ÉVENTAIL GASCON

Les principales rivières gersoises naissent presque toutes au pied du plateau de Lannemezan.
Alors que pour rejoindre la Garonne, le Gers, la Baïse et l'Osse traversent l'ensemble du département, selon un axe nord-sud presque imperturbable, les autres cours d'eau obliquent soit vers l'est soit vers l'ouest formant ainsi un véritable éventail avec les Pyrénées en toile de fond. Côté est, la Save, l'Arrats et la Gimone rejoignent la Garonne. Côté ouest, le Boués et l'Arros incurvent leur course vers l'Adour.
Cet ensemble géomorphologique très homogène, composé de toute une série de petites vallées, coteaux, collines et vallons, est appelé l'éventail gascon. Il s'étend de la plaine de la Garonne jusqu'à celle de l'Adour et au plateau landais au nord-ouest.

En parcourant le département d'est en ouest, il est impossible d'échapper à cette alternance incessante de coteaux et de vallées particulièrement au sud du département.
La promenade est évidement plus aisée en suivant l'axe des vallées, que ce soit en empruntant les routes des crêtes, les Serrades, aux panoramas impressionnants, ou les routes de fond de vallée (Poutge ou Mercadère) aux ambiances plus intimistes.
Au nord du département, le relief se complexifie. Les cours d'eau s'évasant progressivement, de petits plateaux calcaires apparaissent entre les vallées. Ils sont eux-mêmes creusés, incisés par des vallons. Ils offrent des paysages et des ambiances encore différentes (Ténarèze, Lomagne).

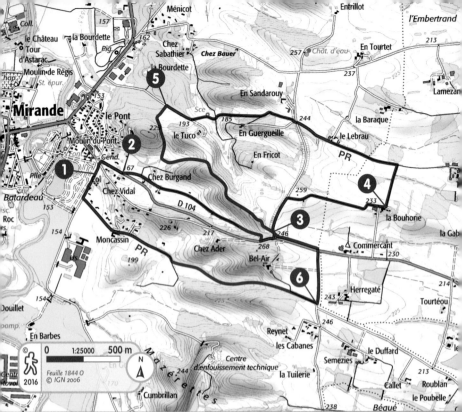

PATRIMOINE
MIRANDE « LA JOLIE »

Mirande, capitale de l'Astarac, est une bastide créée au XIIIᵉ siècle par les cisterciens de Berdoues. La place entourée de couverts à arcades, est tout naturellement le centre du commerce, de la vie quotidienne, des animations et des festivités.

Dans cette ville de garnison, Alain Fournier, auteur du *Grand Meaulnes*, fit plusieurs séjours au 88ᵉ R.I, avant de rejoindre le front où il mourut en septembre 1914. Il laissait inachevé son deuxième roman, *Colombe Blanchet*, dont l'intrigue se situe à Mirande.

PHOTO J.T.

Le **sentier** de **Raphaël**

Cet itinéraire en forme de huit, et qui porte le nom d'un vieux Mirandais, passe par des coteaux très sauvages et dévoile un panorama sur la bastide de Mirande.

1 Se diriger vers la D 104 et l'emprunter à droite sur 200 m.

2 Bifurquer à gauche sur le chemin vicinal, puis continuer par le sentier. Utiliser l'escalier en bois, puis emprunter à gauche la D 104 et atteindre une intersection de PR.

3 Laisser le chemin de retour à gauche, continuer en face sur 300 m, puis s'engager sur le sentier à droite et poursuivre en direction de la ferme de la Bouhorie.

4 Après les bâtiments, tourner à gauche devant le grand chêne, descendre sur le sentier et tourner à gauche pour arriver au lieu-dit Lebreau. Continuer tout droit par la route et poursuivre par le sentier sur 800 m.

5 Après la vigne, tourner à gauche, longer le petit bois, franchir la crête, puis se diriger à gauche *(bien suivre le balisage)* pour retrouver l'intersection de l'aller.

3 Emprunter le petit escalier, longer la D 104 sur 500 m, puis prendre la route à droite.

6 Descendre par le chemin de terre à droite sur 2 km et rejoindre le point de départ.

GRUES CENDRÉES /
DESSIN P.R.

S SITUATION
Mirande, à 25 km au sud-ouest d'Auch par la N 21

P PARKING
digue du lac

/ DÉNIVELÉE
altitude mini et maxi

259 m

159 m

B BALISAGE
jaune

V CIRCUIT VTT

À DÉCOUVRIR...

> En chemin :
• Mirande : base de loisirs
• sous-bois fleuri
• orchidées en saison
• panorama sur la bastide médiévale

> Dans la région :
• Mirande : bastide et belle église XVe classée monument historique
• Belloc-Saint-Clamens : chapelle romane
• Miélan : bastide
• Tillac : village pittoresque

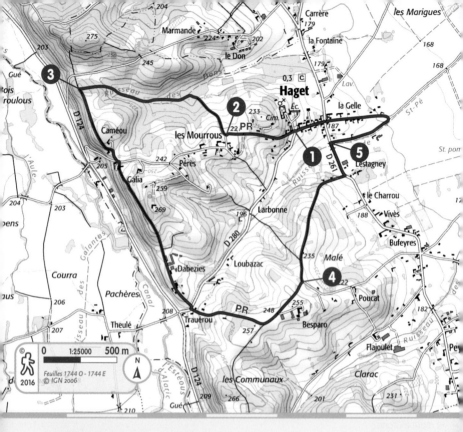

ENVIRONNEMENT

« LOU GRAN CASSOU DÉ HAGET »

Il y a des siècles de cela, Sully décida qu'un chêne serait planté dans chaque village pour fêter la paix retrouvée après les horribles années de guerre entre catholiques et protestants.
À Haget, situé entre les plaines de l'Arros et de l'Estéous, un paysan choisit un chêne à feuilles à larges lobes et aux glands énormes. Il le fit planter à l'intersection de plusieurs chemins. Ce chêne s'acclimata très bien et arriva même, dit-on, à comprendre le patois du pays. Cet arbre fut l'objet de toutes les attentions et devint impressionnant (les branches de 10 m d'envergure formèrent un cercle de 30 m environ). Un autre paysan eut l'idée de diriger ses jeunes branches en couronne. Ceci fait que l'on vient de très loin voir « *Lou gran Cassou dé Haget* » (le grand chêne de Haget).

CHÊNE / DESSIN N.L.

Petit tour d'Haget

FACILE

2H10 • 6,5KM

Au départ du village d'Haget, les sentiers offrent aux randonneurs des vues majestueuses sur la chaîne des Pyrénées.

1 De la mairie, suivre la petite route qui monte vers Les Mourrous.

2 Au transformateur, s'engager sur le sentier à droite et poursuivre dans le bois sur 1 km.

OIE DE TOULOUSE / DESSIN P.R.

3 À la croisée de chemins, tourner à gauche, passer à Caméou, traverser la route et continuer en face par le sentier. Passer Dabezies *(vue sur la chaîne des Pyrénées, le village de Ségalas et la plaine de la Bigorre)*, emprunter la D 280 à droite sur quelques mètres, puis la petite route à gauche sur 800 m.

4 Dans le virage en angle aigu, s'engager à gauche sur le sentier *(point de vue sur la vallée de l'Arros)*. Prendre la D 261 à gauche sur 250 m .

5 Se diriger à droite vers un ancien lavoir restauré. Passer l'aire de repos aménagée et, au carrefour, virer à gauche pour rejoindre le village d'Haget.

S SITUATION
Haget, à 55 km au sud-ouest d'Auch par les N 21 et D 261

P PARKING
mairie

/ DÉNIVELÉE
altitude mini et maxi

269 m

185 m

B BALISAGE
jaune

V CIRCUIT VTT

VUE VERS LES PYRÉNÉES / PHOTO CAUE.

À DÉCOUVRIR...

> **En chemin :**
• village d'Haget
• coteaux et sous-bois
• points de vue sur la vallée de la Bigorre et de l'Arros
• lavoir restauré
• aire de repos

> **Dans la région :**
• Villecomtal : usine Danone (visite)
• Miélan : bastide
• Tillac : village pittoresque
• Bassoues : donjon, bastide

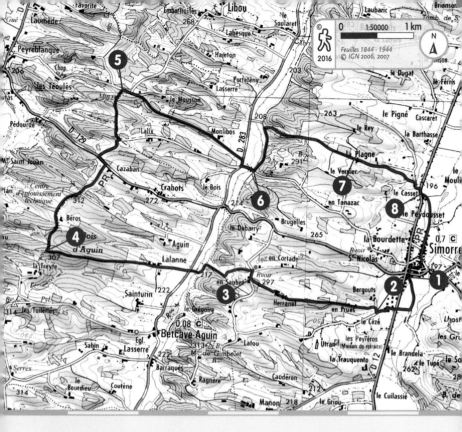

DES VALLÉES AUX VERSANTS DISSYMÉTRIQUES

Dans le Gers, les vallées présentent une spécificité : leurs versants sont dissymétriques. Le versant exposé à l'ouest est court et abrupt, c'est la « serre », alors que le versant exposé à l'est est long et en pente douce, c'est la « boubée ». La rivière et son étroite plaine alluviale relient les deux versants, c'est la « ribère ». À ces reliefs, correspondent des terrains différents que l'homme a toujours su valoriser selon leur potentiel : cultures sur la boubée et la ribère, élevage sur la serra et la ribère, forêt sur la serre.

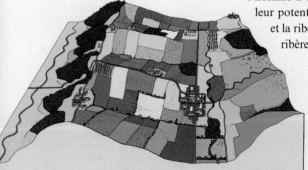

VALLÉE DISSYMÉTRIQUE /
CROQUIS ARBRE ET PAYSAGE 32.

Le **chemin** des **Orchidées**

Le chemin s'élève vers les hautes collines de l'Astarac, traverse le bois d'Aguin et s'agrémente, à la saison, d'orchidées sauvages.

1 Prendre le sentier qui longe le ruisseau, puis la route à droite. Couper la D 12 et continuer tout droit sur 250 m.

TROÈNE DES BOIS / PHOTO ARBRE ET PAYSAGE 32.

2 S'engager sur le chemin de terre à droite. Il traverse un bois de chênes. Poursuivre sur une piste. Contourner par la droite la ferme En Herranet. Prendre le chemin caillouteux jusqu'à la route goudronnée.

3 À la ferme En Saubet, descendre la route à droite sur 200 m. À la bifurcation, s'engager à gauche sur le sentier qui descend. Il mène à la Lauze. Franchir le gué. Couper la D 283 et continuer en face. S'enfoncer dans le bois d'Aguin, tout droit sur 1 km.

4 À la borne en pierre, prendre le chemin à droite. Il conduit à la ferme Béros. Poursuivre et longer un parc à daims. Aboutir sur une route goudronnée, bifurquer un peu sur la droite et déboucher sur la D 129 ; l'emprunter à gauche sur 200 m. Tourner à droite sur une voie communale. 300 m après, dans un virage, tourner à gauche sur un sentier jusqu'à un croisement.

5 Aller en face vers la maison, puis s'engager à droite sur le chemin de terre qui descend entre deux haies. Utiliser la D 283 à droite sur 100 m, puis tourner à gauche et franchir le pont sur la Lauze.

6 Emprunter à gauche le chemin qui longe la rivière, sur 900 m. À l'embranchement, monter à droite et continuer tout droit jusqu'à la route goudronnée.

7 Passer devant la ferme la Plagne et continuer par la route qui descend. Suivre la D 12 à droite sur 100 m.

8 S'engager à gauche sur le sentier. Plein sud, il ramène à Simorre.

ORCHIDÉE SAUVAGE /
PHOTO J.T.

S SITUATION
Simorre, à 29 km au sud-est d'Auch par les N 21, D 929 et D 129

P PARKING
place du foirail

/ DÉNIVELÉE
altitude mini et maxi

312 m

194 m

B BALISAGE
jaune (PR 1)

! DIFFICULTÉS !
gué entre **3** et **4**

V CIRCUIT VTT

À DÉCOUVRIR...

> En chemin :
• Simorre : église fortifiée
• vallée de la Lauze
• orchidées sauvages en saison

> Dans la région :
• Faget-Abbatial : ancienne abbaye
• Samatan : marché au Gras, église XIXe, collection de « jouquillon », Masseube
• Lombez : cathédrale Sainte-Marie
• Saramon : abbaye cistercienne de Boulaur

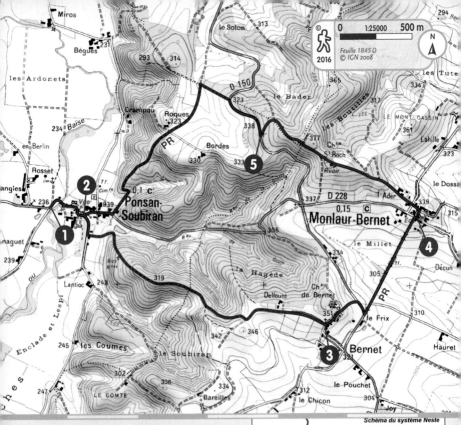

ENVIRONNEMENT
LE CANAL DE LA NESTE

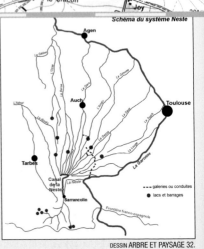

Schéma du système Neste

DESSIN ARBRE ET PAYSAGE 32.

L'Arros, l'Adour et la Garonne sont directement alimentés par l'eau nivale des Pyrénées. Par contre, les rivières gasconnes ont été coupées du cours de la Neste et de la Garonne par la formation du cône de Lannemezan. Les rivières ne disposent plus que d'un régime pluvial irrégulier avec des étiages sévères en été et d'importantes inondations lors de violents orages. Le canal de la Neste a été construit au XVIIIᵉ siècle pour relier l'eau des sommets pyrénéens aux points de naissance des principales rivières gasconnes, afin de les alimenter artificiellement. Ce « système Neste », inventé par M. Montet (ingénieur des Ponts et Chaussées) en 1840, fut mis en service en 1869, permit d'assurer un débit plus régulier des rivières ce qui favorisa le développement de l'activité meunière. Il se compose de canaux d'alimentation et de réservoirs-barrages.

Le **sentier** du **Mont Cassin**

FACILE

2H40 • 8KM

La richesse de ce circuit en fait toute sa beauté : villages de caractère et églises, châteaux, chapelles…, le marcheur appréciera en plus la fraîcheur de la rivière et le passage dans la forêt de Hagède.

S SITUATION
Ponsan-Soubiran
à 18 km au sud-ouest
de Masseube

P PARKING
camping municipal

B BALISAGE
jaune (PR 1)

V CIRCUIT VTT

E CHEMIN ÉQUESTRE

❶ Traverser le pont de la petite Baïse et passer devant l'église de Ponsan-Soubiran *(reconstruite au siècle dernier, porte ornée d'une pietà gothique et éléments sculptés : chrismes, croix de Malte, entrelacs…).*

VIOLETTES /
DESSIN N.L.

❷ Tourner à droite et longer le parc du château *(détruit durant les guerres de religion par les protestants puis reconstruit et remanié. C'était la résidence de Bertrand de Molleville, ministre de Louis XVI. Propriété privée).*
Juste après la première maison, s'engager à gauche et monter dans le bois de la Hagède sur 2 km. Atteindre le hameau de Bernet.

❸ Passer devant le château de Bernet *(XIXᵉ, qui a remplacé un manoir plus ancien)* et son église. À une intersection, prendre à droite, puis à gauche vers Monlaur-Bernet (700 m), en traversant à deux reprises l'aqueduc d'irrigation. Arriver au village.
Monlaur-Bernet a été formé par la réunion des anciennes paroisses de Monlaur et de Bernet, cette dernière faisant partie autrefois de l'archiprêtrise de Castelnau-Magnoac, Hautes-Pyrénées.
Contourner l'église par la droite.

❹ Se diriger à gauche et emprunter un chemin blanc empierré sur 500 m qui mène à la chapelle Saint-Roch *(petit sanctuaire rural construit sur le point culminant du Gers : 337 m).* Poursuivre jusqu'à la voie communale goudronnée (D 150).

❺ Descendre à droite sur 200 m par la route. Dans un virage, bifurquer à gauche sur un sentier qui longe un bosquet. Dans le bas, tourner à gauche en longeant une prairie jusqu'à la ferme «Roques». S'engager en face par un chemin qui descend sur 700 m vers le village de Ponsan-Soubiran et retrouver le point de départ.

À DÉCOUVRIR…

> En chemin :
• pont de la Petite Baïse
• Ponsan-Soubiran : église, village, château
• bois de Hagède
• Bernet : château ; église du gothique flamboyant
• Monlaur: village
• aqueduc d'irrigation
• chapelle de Saint-Roch

> Dans la région :
• Masseube : bastide XIIIᵉ, belles maisons à colombage
• Auch : ville historique, cathédrale Sainte-Marie
• Mirande et Miélan : bastides
• Samatan (marché au gras, église XIXᵉ, collection de jouquillons)

LE FOIE GRAS, C'EST LA FÊTE !

Dans le Gers, les canards et les oies vivent en plein air, gavés avec soin et prennent un caractère sacré : respect de l'animal tout au long de son élevage en lui procurant les meilleures conditions de vie, respect de la tradition de nourriture aux céréales et en liberté et respect de l'animal pendant le gavage sur quinze à vingt et un jours.

Foie d'oie ou de canard, à chaque gastronome sa préférence. Si le foie gras de canard est généralement plus rustique, c'est grâce à son goût plus prononcé et fruité que le foie gras d'oie est réputé plus fin et délicat. Frais, poêlé ou escalopé, le foie s'accommode à bon nombre de fruits frais : raisins, pommes, mangues, figues. Mi-cuit en terrine ou cuit en bocal, il se déguste avec une baguette croustillante ou du pain grillé. Il se marie aussi bien avec le vin rouge qu'avec le blanc liquoreux. Les canards et les oies régalent les papilles de multiples façons : confits, magrets, aiguillettes, galantines, daubes, pâtés, rillettes, gésiers, cous farcis. Ils sont à découvrir à l'infini chez les producteurs qui ont chacun leur secret.

RECETTE DE LA CROUSTADE GASCONNE

Ingrédients : 1 kg de pommes, 250 g de farine, 125 g de beurre ramolli, un ½ verre d'eau salée, sucre vanillé, sucre, armagnac et de l'eau de fleur d'oranger. Faire une fontaine avec la farine et y verser l'eau salée. Former une boule et étaler la pâte sur une table farinée, beurrer la surface et rabattre les coins. Laisser reposer une heure. Pendant ce temps, éplucher les pommes, les couper en lamelles, les saupoudrer de sucre vanillé, les arroser d'armagnac et d'eau de fleur d'oranger et remuer.

Étaler à nouveau la pâte, la plier en trois et laisser reposer dix minutes. Renouveler cette opération trois fois. Beurrer le moule et le tapisser d'une partie de la pâte, disposer les pommes et recouvrir avec le reste de pâte en soudant les bords. Sucrer au sortir du four. Vous trouverez arôme et saveur de la Gascogne où l'armagnac et la pomme se fondent délicieusement.

Petit conseil : faire toujours tiédir la croustade avant de la déguster…

FOIE GRAS / PHOTO M.C.

R É A L I S A T I O N

✓ Ce topo-guide a été réalisé en collaboration avec le Comité départemental de la randonnée pédestre du Gers, les communautés de communes pour l'entretien des chemins, l'association Arbre et Paysage 32, le CAUE du Gers et les baliseurs officiels du Comité départemental de la randonnée pédestre du Gers.

✓ Les tracés et les descriptifs des itinéraires ont été sélectionnés, créés, balisés et entretenus par les offices de tourisme, structures inter-communales, les bénévoles des associations de randonneurs, en étroite collaboration avec le Comité départemental de la randonnée pédestre du Gers.

✓ Le texte de présentation « Découvrir le Gers » a été écrit par Georges Courtes.

✓ Les descriptifs des circuits ont été rédigés par Alain Caillau, Huguette Daries, Patrick Reix.

✓ Les textes thématiques de découverte du patrimoine ont été écrits par Fernande Aries, Jacques Lajoux, Bruno Sirnen (Arbre et paysage 32), Frédéric Poulle (CAUE 32), Alain Abeille (société archélogique du Gers), Alain Caillau, Jean Tichané.

✓ La coordination de l'édition du topo-guide a été assurée par Alain Caillau, président du Comité départemental de la randonnée pédestre du Gers.

✓ Les photographies sont de Jean Tichané (J.T.), Guy Pégot (G.P.), Barbara Alonzo (B.A.), de divers organismes (CRT, CDTL, CAUE, association Arbre et Paysage 32), Conseil départemental, Thierry Suirre (T.S.), Jean-François Talivez (Talivez), Michel Carossio (M.C.), Alain Abeille (A.A.), office de tourisme d'Auch (OT d'Auch), Marie-France Hélaers (M.-F.H.), Alain Caillau (A.C.).

✓ Les illustrations de faune et flore sont de Pascal Robin (P.R.) et de Nathalie Locoste (N.L.).

✓ Le Comité départemental de la randonnée pédestre adresse ses remerciements à toutes les personnes qui ont collaboré, de près ou de loin, à l'édition de ce topo-guide.

✓ Responsable de production éditoriale : Isabelle Lethiec. Développement et suivi collectivités territoriales : Patrice Souc et Soumaya Abid. Assistante : Sabine Guisguillert. Secrétariat d'édition : Séverine Chesseboeuf, Marie Fourmaux, Émeline Leduc. Cartographie et couverture : Olivier Cariot, Frédéric Luc, Nicolas Vincent. Mise en page et suivi de fabrication : Jérôme Bazin, Auriane Bayard, Marine Leroux. Lecture et corrections : Didier Babin, Évelyne Chaix, Philippe Lambert, Marie-France Hélaers, Anne-Marie Minvielle, Josette Barberis, André Gacougnolle, Michèle Rumeau.

94 • RÉALISATION

UN GUIDE POUR LA RANDO !

100% IMPLIQUÉ !
Grâce à votre adhésion, les 8000 baliseurs bénévoles peuvent entretenir les itinéraires. Vous contribuez ainsi directement à la protection de l'environnement et des chemins.

CHOISISSEZ LA FORMULE ADAPTÉE À VOTRE PRATIQUE :

Trouvez un club près de chez vous sur : www.ffrandonnee.fr, rubrique « nous rejoindre »

RANDONNER EN CLUB

La garantie de randonner régulièrement grâce à des programmes variés proposés par votre club !

- Marcher dans une ambiance conviviale toute l'année, près de chez vous,

- Essayer de nouvelles pratiques : marche nordique, raquette à neige, marche aquatique côtière, …

- Bénéficier d'un encadrement adapté grâce aux animateurs bénévoles qualifiés.

RANDONNER À VOTRE GUISE

La liberté de marcher, en famille ou entre amis, où et quand vous le souhaitez !

- Bénéficier d'un abonnement annuel gratuit à Passion Rando

- Accéder à des informations randos, des conseils de préparation et des stages de formation.

- Choisir la formule qui vous ressemble « Familiale ou individuelle ».

DES AVANTAGES SPÉCIFIQUES RÉSERVÉS AUX ADHÉRENTS FFRANDONNÉE

- des formules d'assurance adaptées et spécifiques à votre pratique.
- des remises jusqu'à 25% auprès de ses partenaires : équipement, séjours et voyages.

Contactez-nous :
- par tél.: **01 44 89 93 90**
- par courriel : **info@ffrandonnee.fr**

Fédération Française de la Randonnée Pédestre - 64 rue du Dessous des Berges - 75013 PARIS.

 ffrandonnee.fr @ffrandonnee

 FFRandonnée
 les chemins, une richesse partagée
www.ffrandonnee.fr

GÉOGRAPHIQUE

A
Aignan, 43
Arcagnac, 73
Auch, 59, 69

B
Barban, 37
Barbotan-les-Thermes, 23
Belloc, 63
Bernet, 91
Boulaur, 75

C
Cassaigne, 41
Castelnau-d'Arbieu, 37
Cologne, 57
Condom, 27

E
Eauze, 31
Esclignac, 53

F
Fieux, 35
Flarambel, 41
Flaran (Abbaye), 41

G
Gimont, 75
Goalard (le), 27

H
Haget, 87
Haulies, 73

I
Isle-Bouzon, 37
Isle-Jourdain, 77

J
Jû-Belloc, 63
Juillac, 65

L
Lagarde, 51
Larressingle, 27
Lavardens, 49
Léberon, 41
Lectoure, 39

M
Manciet, 29
Mansencôme, 41
Marciac, 65
Miradoux, 35
Mirande, 85
Monclar-sur-l'Osse, 67
Monlaur, 91
Monfort, 53
Montestruc, 51
Montréal, 25

P
Polastron, 79
Ponsan-Soubiran, 91
Pouylebon, 67

R
Riguepeu, 61
Riscle, 47

S
Saint-Bres, 53
Saint-Clar, 37
Saint-Élix, 81
Sainte-Gemme, 53
Saramon, 81
Sérempuy, 53
Séviac, 25
Simorre, 89

T
Tourdun, 65
Toureille, 37

V
Valence-sur-Baïse, 41

THÉMATIQUE

ENVIRONNEMENT
Barbotan-les-Thermes, 22
Quand les haies refaçonnent le paysage, 34
Le Gers : «pays» éclectique offrant une mosaïque de paysages, 44
La vallée de l'Adour, 46
Les berges du Gers, 71
« Lou Gran Cassou dé Haget », 86
Des vallées aux versants dissymétriques, 88
Le canal de la Neste, 90

GÉOGRAPHIE
L'éventail gascon, 83

FAUNE ET FLORE
Le passage des palombes, 42
Jû-Belloc, 62

HISTOIRE
Lectoure, 2 500 ans d'histoire, 38
La Voie d'Arles, 66
D'Artagnan, 71
Abbaye Sainte-Marie, 74

GASTRONOMIE
Eauze, capitale de l'armagnac, 30
L'ail de Lomagne, 36
Le foie gras, c'est la fête !, 92
Recette de la croustade gasconne, 92

TRADITION
Nostalgie gasconne, 28
L'âne de Montestruc, 50
Les arènes Joseph Fourniol à Vic-Fezensac, 60
« Jazz in Marciac », 64
Le gavage des oies et des canards, 72
La fête de la Saint-Victor, 80

PATRIMOINE
Montréal-du-Gers en Ténarèze, 24
Larresingle « la Carcassonne du Gers », 26
Les pigeonniers, 32
L'abbaye de Flaran, 40
À l'ombre du château, 48
Monfort porte bien son nom, 54

La bastide de Cologne, 56
L'Isle-Jourdain, 76
Les cabanes de vignes, 82
Mirande « la Jolie », 84

ARTS ET LITTÉRATURE
Les maisons paysannes du Gers, 54

TECHNIQUE
Le vignoble gascon, 33

ÉCONOMIE
Les routes des crêtes, 32
Le marché de Samatan, 78

Achevé d'imprimer en France sur les presses de Chirat (Saint-Just-la-Pendue) selon les normes de la certification PEFC®.